Poda de frutales

Podas para conseguir una abundante cosecha

> Autor: Hansjörg Haas | Fotógrafos: Hansjörg Haas, Hans Reinhard y otros conocidos fotógrafos especializados en jardines | Illustraciones: Heidi Janiček

AF277345

Indice

Poda de frutales

Las 5 etapas fundamentales

>> rápido y fácil

2 Formas naturales y artificiales

A los árboles y arbustos frutales se les pueden dar distintas formas. Lo importante es que en cada edad reciban la poda que necesiten y que se estimule el desarrollo de los brotes con fruto.

1 Principios básicos

Si sabe por qué leyes se rige el crecimiento de los frutales y conoce las técnicas adecuadas para podarlos, seguro que tendrá éxito en la poda de sus árboles y arbustos frutales.

3 Corregir errores

Aunque un frutal lleve muchos años mal podado o sin poda alguna, si le aplica una adecuada poda correctiva podrá volver a darle forma.

4 Poda de árboles frutales

Si se podan correctamente los árboles frutales, crecerán bien y proporcionarán durante muchos años fruta abundante y de excelente calidad.

Descripción de especies
Las 20 más importantes
Los mejores frutales en detalle

Tabla de especies

5 Poda de arbustos frutales

Tanto si se les da forma de arbusto, de espaldar o de arbolito: dado que las ramas de los arbustos con bayas no son muy longevas, es necesario podarlas regularmente para que conserven su vitalidad.

Apéndices

HISPANO EUROPEA

Cómo podar árboles y arbustos frutales

Las leyes que rigen el crecimiento

Al igual que todas las plantas, los árboles y arbustos frutales se rigen por unas reglas concretas. Si quiere que las cosas le salgan bien, téngalas en cuenta a la hora de podar.

El desarrollo de todos los frutales obedece a las mismas leyes, pero cada especie reacciona a la poda de un modo distinto. El modo y la intensidad de su respuesta dependerá de la parte del árbol que se corte, de la extensión de éste y de la época en que se realice la poda.

Raíz y corona

La raíz es la parte opuesta a la corona. Almacena el almidón y los azúcares que se producen en las hojas. También absorbe agua y nutrientes, y los envía a las partes superiores de la planta. En primavera, antes de que la planta empiece a brotar, las raíces hacen fluir hacia los tallos un líquido rico en azúcares y nutrientes que es el que les permitirá crecer. Si poda la planta en esa época, la savia saldrá por los cortes. Cuando aparecen las primeras hojas disminuye su presión porque éstas transpiran el agua. Por lo tanto, la poda influirá de modo distinto en la planta dependiendo de cómo y cuándo se haya llevado a cabo.

➤ Mediante la poda de primavera se elimina una parte de las yemas. Las sustancias de reserva de la raíz se distribuyen en las yemas restantes, por lo que esas yemas reciben más nutrientes y forman brotes más fuertes y más grandes. Cuanto más severa sea la poda de primavera, mayor será la fuerza con la que brotará la planta. Sin embargo, si la poda es excesiva se produce un desequilibrio entre la raíz y la corona. Al repartirse las sustancias de reserva entre pocas yemas se producen unos brotes demasiado largos e inestables.

➤ Por otra parte, si se realiza la poda en verano se eliminan los brotes con hojas y la planta produce menos sustancias de reserva para el invierno. Consecuencia: a la primavera siguiente brotará con poca fuerza.

Cómo actúa la presión de la savia

Dado que el flujo de la savia de la planta es ascendente, los brotes superiores, y por lo tanto los más jóvenes, son los que reciben más agua y más nutrientes.

➤ Esto hace que en los **brotes de crecimiento vertical** (1) las yemas superiores se desarrollen mucho más que las inferiores.

➤ En los **brotes de crecimiento oblicuo** (2) el extremo no se desarrolla tanto como en los verticales, pero la presión de la

> La poda distribuye uniformemente el flujo ascendente de la savia.

savia aumenta en la parte superior. Por lo tanto, las yemas de la parte superior se desarrollarán más que las de la parte inferior.

➤ El peso de los frutos hace que los **brotes viejos cuelguen** (3) al cabo de unos años. Aquí, las yemas que crecerán más serán las que estén en la zona más elevada del brote. Si los nuevos brotes crecen oblicuos hacia fuera serán ideales para renovar árboles envejecidos (ver páginas 24-25).

Injertos

Casi todos los árboles frutales, viñas y arbustos frutales están injertados. Esto significa que la variedad injertada se ha colocado en el tallo de otra variedad. Esta última, a la que denominamos «patrón» posee determinadas características muy útiles y de las que carece la variedad injertada. Al comprar un árbol frutal deberá prestar especial atención a la resistencia y el crecimiento del patrón. Es éste el que determinará el tamaño y la edad que pueda alcanzar la planta, así como lo que tardará en llegar a florecer y dar fruto.

➤ Las raíces de un árbol pequeño o de forma arbustiva, por ejemplo, se mantienen pequeñas y necesitan de por vida

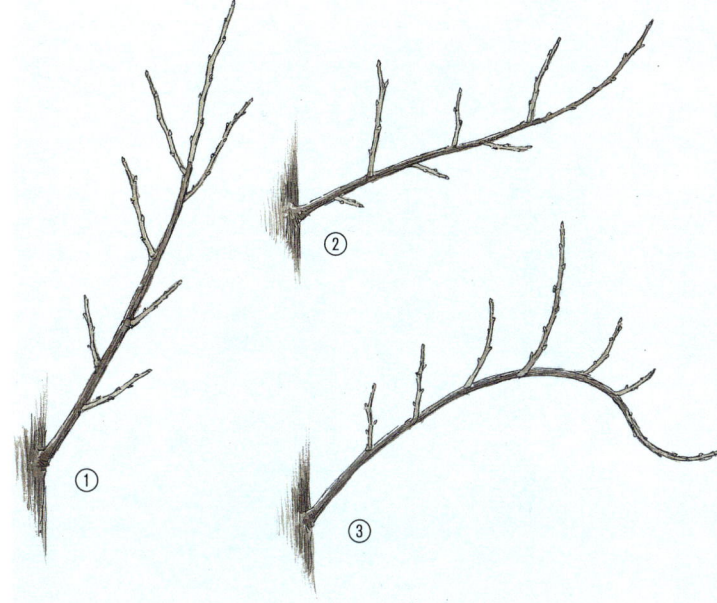

> *Las yemas superiores tienen ventaja –tanto en ramas verticales como en las oblicuas y en las horizontales–.*

un buen aporte de agua y nutrientes.

➤ Sin embargo, los patrones grandes y robustos arraigan bien y en profundidad. Una vez han crecido, no necesitan que les proporcionemos mucha agua y nutrientes.

➤ Por el color de la corteza podremos deducir la profundidad a la que estaba plantado el árbol en el vivero. Colóquelo exactamente a la misma profundidad para que el injerto quede sobre el nivel del suelo. ■

Eliminar brotes silvestres

✗ En los árboles y arbustos injertados suele suceder que aparezcan brotes silvestres a partir de la base. Son fáciles de reconocer porque sus hojas son distintas de las del injerto.

✗ Si deja que estos brotes prosperen, al cabo de unos años se harán muy robustos y la variedad injertada empezará a debilitarse.

✗ Por lo tanto, elimine los brotes silvestres en cuanto aparezcan. Arránquelos en verano directamente a partir de la raíz. A veces es necesario cavar un poco para llegar a ellos.

Por qué es necesaria la poda

Una poda bien realizada mantiene a los frutales en forma, les ayuda a no envejecer y hace que proporcionen cosechas abundantes y de buena calidad.

Cada árbol y arbusto posee su propio ritmo vital, que determina la duración de la fase de juventud y su envejecimiento. En los frutales no sólo se observan importantes diferencias de una especie a otra sino incluso entre variedades. Los frambuesos, por ejemplo, conservan su vitalidad solamente durante dos años, y luego mueren. Sin embargo, un peral puede vivir más de 100 años. Los manzanos de la variedad Topaz envejecen más rápidamente que los de la variedad Boskoop. Y todos estos procesos de envejecimiento hay que tenerlos en cuenta a la hora de podar.

Junto con la época (ver páginas 10-11), en la fuerza del nuevo brote también influye mucho el tipo de poda. Distinguiremos entre recortar, dirigir y aligerar.

➤ **Recortar** (1) es podar un vástago joven de un año. El corte se efectúa en la parte externa del árbol o arbusto. En estos brotes, cuanto más se corte más aumentará la presión de la savia en el plano de corte. Al mismo

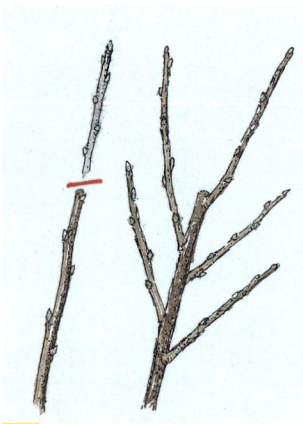

> 1 Recortar

Recortar un tallo de un año es la mejor forma de estimular su crecimiento. Sin embargo, solamente se emplea para dar forma a los tallos principales.

> 2 Dirigir

Al dirigir podemos conseguir que los nuevos vástagos crezcan hacia el interior del árbol. Los vástagos viejos y colgantes se podan para favorecer el desarrollo de los nuevos.

> 3 Aligerar

Al aligerar se eliminan los brotes que compiten con la prolongación natural. Esta poda es la que menos estimula el crecimiento.

> *Al cabo de los años, algunas ramas pueden romperse bajo el peso de la fruta.*

tiempo se disminuye el número de yemas. Ambos factores hacen que la planta brote con mucha fuerza. En casos extremos, las pocas yemas restantes pueden dar lugar a vástagos demasiado largos e inestables. Este tipo de poda se aplica principalmente en árboles y arbustos para darles forma durante los primeros años y conseguir que sean fuertes y no demasiado grandes, Así soportarán mejor el peso de la fruta.

➤ **Dirigir** (2) consiste en cortar un tallo principal dando preferencia a un lateral que parte de él. En los vástagos viejos y con el extremo colgante, la poda se realiza de modo que el brote nuevo crezca hacia arriba y hacia fuera (ver páginas 24-25). Sin embargo, en los tallos jóvenes y de crecimiento vertical se realiza la poda favoreciendo el crecimiento horizontal y hacia fuera (ver páginas 26-27). Al redirigir un vástago, éste actúa como un «pararrayos»: capta la mayor parte de la savia y hace que los brotes nuevos sean más débiles que en la poda de recorte.

➤ **Aligerar** (3) significa eliminar algunos vástagos que compitan entre sí. Pueden ser vástagos de un año o de más. El árbol o arbusto adquiere un aspecto más despejado y la luz llega mejor hasta sus zonas interiores, lo cual le ayuda a conservar la vitalidad. Este tipo de poda es el que menos estimula el crecimiento de la planta. En los arbustos frutales, aligerar puede significar también eliminar los tallos viejos directamente a ras de suelo. Así se estimula el crecimiento de nuevos brotes a partir de la raíz.

Eliminar las ramas peligrosas

En los árboles frutales suelen aparecer ramas que forman un ángulo muy agudo con el tronco o con el tallo principal. Se las reconoce fácilmente porque tienen dos nervaduras confluyentes en la parte superior de la inserción. En ese punto, la unión entre la rama principal y la secundaria es muy poco estable. Con el peso de la fruta acabarán por romperse dejando un hueco en la corona del árbol. Elimínelas a tiempo para evitar males mayores. ■

Épocas para la poda

Las épocas para podar vendrán definidas por el tipo de crecimiento de la planta, su sensibilidad y lo que se desee obtener con la poda.

Ninguna época es ideal para todas las especies de frutales. Sin embargo, en términos generales podemos afirmar que es preferible no podar entre mediados de otoño y mediados de invierno:

➤ Durante ese tiempo, las plantas podadas son muy sensibles al frío. A partir del plano de corte pueden congelarse las yemas e incluso tallos enteros.

➤ Las plantas leñosas solamente podrán generar tejidos nuevos a partir de finales de primavera y cerrar así las heridas. Hasta ese momento estarán indefensas ante las enfermedades.

Poda de primavera

En las zonas de clima cálido se puede empezar a podar a partir mediados de invierno, pero en las regiones más frías es mejor esperar a finales de invierno.

➤ Nunca pode con temperaturas inferiores a los −5 °C.

➤ En las plantas leñosas, la presión de la savia va en aumento desde mediados de invierno hasta principio de primavera (ver páginas 6-7). Al mismo tiempo, las heladas van siendo menos frecuentes y el peligro de congelación disminuye. Estimula mucho más el crecimiento una poda temprana que una poda tardía a principio de primavera, ya que cuanto más avanzada esté la primavera más reservas habrán pasado de la raíz a la corona. (páginas 6-7).

➤ Si de todos modos quiere esperar hasta la floración para podar, elimine los tallos y hojas que es mismo año no vayan a servir para aportar energía a la planta. De ese modo puede reducir el crecimiento de los árboles que tengan un desarrollo muy vigoroso; esto también se puede aplicar a aquellos árboles y arbustos cuyas puntas hayan sido recortadas con demasiada frecuencia y de forma demasiado drástica haciendo que broten en exceso (ver páginas 8-9).

➤ Los frutales sensibles al frío es mejor podarlos cuando ya esté avanzada la primavera y poco antes de que broten (kiwi y zarzamora) o durante la floración (melocotón). El albaricoque florece pronto y es muy sensible, por lo que habrá que esperar a podar después de que brote. De lo contrario podrían congelarse ramas y tallos enteros. Una poda temprana estimularía mucho su crecimiento, pero a costa de su vitalidad.

Los árboles de este grupo que estén envejecidos también habrá que podarlos tarde. Se puede estimular su crecimiento mediante una poda severa.

Poda de verano

La poda de verano atenúa el crecimiento y es muy soporta-

> *Para conservar la vitalidad del melocotonero es importante efectuar una poda severa durante la floración.*

> *Después del rejuvenecimiento conviene efectuar una poda de verano para atenuar el crecimiento excesivo.*

ble por la planta. La herida cicatriza rápidamente y la planta queda a salvo de las infecciones (ver páginas 20-21).

➤ En verano se eliminan las ramas verticales del interior de la corona y las que compitan entre sí. La energía que se gastaría en estos brotes beneficiará al resto de la planta.

➤ Los frutales delicados cuyas heridas se secarían mucho durante una poda de primavera, es mejor podarlos en verano. Entre ellos se cuentan el albaricoque, el cerezo, el melocotonero y el ciruelo.

➤ En verano también hay que eliminar la madera afectada por enfermedades cortando hasta llegar a tejido sano para evitar su propagación. Esos restos de poda deberán ir a la basura o quemarse.

➤ Al efectuar la poda de verano también se eliminan hojas, consiguiéndose así que la planta produzca menos sustancias de reserva.

Frecuencia de la poda

En principio resulta ventajoso podar cada año, ya que hacerlo con frecuencia implica menos trabajo.

➤ Los frutales de envejecimiento rápido es imprescindible podarlos periódicamente, ya que solamente así se consigue fruta abundante y de buena calidad. Esto se aplica tanto a las bayas como a los albaricoques, melocotoneros y cerezos amargos, ya que son frutales que generalmente florecen en sus brotes de un año.

➤ Las ramas de otros frutales conservan su vitalidad durante más tiempo. Los manzanos, perales, ciruelos y cerezos producen su mejor floración en brotes de dos a tres años de edad. Si de todos modos va a podarlos cada año, corte poco y elimine solamente los brotes más pequeños.

➤ Pero si solamente poda cada dos o tres años, los árboles frutales tendrán ramas muy gruesas y los arbustos se harán muy densos, por lo tanto, la poda deberá ser más severa. Las plantas reaccionan creciendo con fuerza. Generalmente habrán de pasar dos o tres años hasta que vuelva a haber un equilibrio entre la raíz y la corona y se atenúe el crecimiento. ■

INFORMACIÓN PRÁCTICA

Épocas prohibidas

✗ No pode nunca con heladas, ya que las heridas no podrían cerrarse.

✗ En muchos lugares, las leyes de protección de la naturaleza prohíben o desaconsejan las podas masivas entre principios de primavera y mediados de otoño para no molestar a las aves que anidan a partir de principios de primavera.

✗ Sin embargo, se pueden efectuar podas que solamente sean para cuidar a la planta o para retocar. Infórmese sobre las normativas de la región en que usted vive.

✗ Nunca hay que podar árboles con tiempo húmedo: la corteza húmeda no ofrece ningún apoyo y podría resbalar la escalera o usted mismo.

La técnica adecuada para podar

Si se poda bien, las heridas cicatrizan antes. Un ángulo de corte correcto y una herida limpia siempre facilitarán las cosas.

La situación del plano de corte dependerá de la edad del brote: los brotes jóvenes se cortan justo por encima de una yema; las ramas más viejas se cortan dejan-do unos centímetros en su inserción con el tronco.

Brotes jóvenes

Al podar brotes de un año hay que efectuar un corte oblicuo por encima de la yema (ver figura 1, página 13).

➤ Para encontrar la separación adecuada de la yema, coloque el pulgar de su mano libre sobre la yema y ponga la tijera directamente por encima de la uña del dedo.

➤ Si efectúa el corte demasiado cerca de la yema, ésta se secará. Pero tampoco deberá quedar un trozo demasiado largo, ya que no llegaría a cicatrizar bien.

Ramas más viejas

En la base de las ramas viejas se encuentra una pequeña estría formada por unos tejidos que se recuperan muy rápidamente y que cierran la herida.

➤ Al podar, sitúe la sierra o la tijera sobre esta estría y realice un corte ligeramente oblicuo hacia abajo y hacia fuera (ver figura 2, página 13).

➤ Si cortase por debajo de ese anillo eliminaría el tejido cicatrizante y dañaría al tallo principal.

➤ Si el corte es horizontal, se forma un tocón que ya no recibe nutrientes y finalmente se seca. Para que el tejido pueda recubrir la herida y cicatrizarla es imprescindible eliminar esos tocones posteriormente.

➤ Las ramas gruesas y pesadas hay que empezar por cortarlas a unos 50 cm más allá del plano de corte final y empezando por la cara inferior. A continuación se corta a 10 cm de ese punto hacia arriba y por la cara superior hasta que la rama se rompa. Al hacer esto quedará un tocón que habrá que cortar por el plano de corte adecuado para que la herida cicatrice correctamente.

Curación de la herida

Entre la corteza y el tejido leñoso de árboles y arbustos existe una capa más fina denominada «cambium». Es la responsable de la división y multiplicación celular y, por lo tanto, imprescindible para la cicatrización. Se encarga de que en la herida se produzca un crecimiento múltiple. En verano, este tejido forma una protección que cubre la herida y la cierra. En las heridas muy grandes, la cicatrización se puede prolongar durante años.

> *La herida cicatriza por completo a partir de sus bordes.*

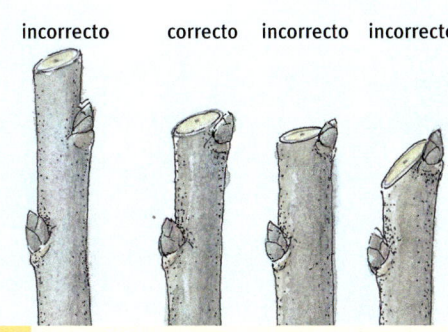

incorrecto   correcto   incorrecto   incorrecto

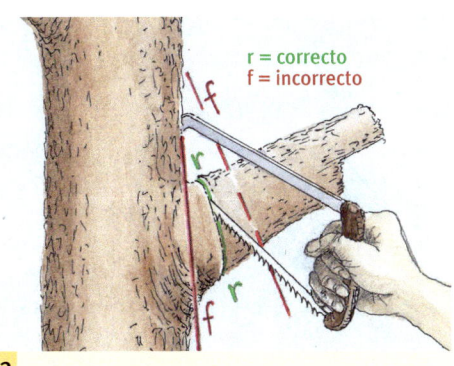

r = correcto
f = incorrecto

1 > Podar sobre una yema

En los tallos de un año se aprecian claramente las yemas. Al podar estos brotes efectúe el corte de forma oblicua y ligeramente por encima de una yema. Este tipo de poda es necesario para dar forma a los árboles frutales, para los arbustos frutales y para eliminar la madera vieja de las parras y los kiwis.

2 > Cómo cortar ramas

Las ramas gruesas siempre hay que cortarlas en dos etapas (ver texto). Efectúe el corte final ligeramente oblicuo y hacia fuera dejando un tocón en la base. Si los bordes de la superficie de corte son irregulares, alíselos con un cuchillo.

➤ Cuanto más lisos y limpios sean los bordes del corte, menos tardará en cicatrizar. Los bordes aserrados e irregulares son difíciles de sanar.

➤ Al mismo tiempo la planta puede sanar heridas generando una capa de separación bajo el plano de corte. Pero esto solamente se produce entre finales de primavera y finales de verano, entre mediados de otoño y primavera la planta se encuentra un tanto indefensa ante las bacterias y los hongos.

➤ Solamente hay que emplear productos cicatrizantes en los planos de corte con un diámetro superior a los 5 cm. Pero solamente hay que espolvorear ligeramente los bordes de la herida. Así el cambium no llegará a secarse. El núcleo quedará despejado para que se pueda secar. No es necesario tratar las heridas pequeñas ni los cortes producidos durante la poda de verano.

Cortar los tocones

Si corta una rama grande para darle forma a una rama lateral que crece más hacia dentro, producirá una herida bastante grande. Si su diámetro es superior a la mitad del diámetro de la nueva prolongación, existe el peligro de que la herida se seque. En este caso es mejor dejar un tocón de 10-20 cm. Pasados dos años, cuando el nuevo brote ya se haya engrosado suficientemente, elimine el tocón cortándolo en un plano oblicuo. La herida cicatrizará bien y la rama principal no se secará. Este tipo de podas son habituales en cerezos, ciruelos y melocotoneros. No se olvide de cortar el tocón pasado el tiempo recomendado. ◼

Herramientas adecuadas

Emplee las herramientas adecuadas para cada tipo de poda y ocúpese de mantenerlas siempre bien limpias y afiladas.

La poda sólo se puede llevar a cabo correctamente si se emplean las herramientas adecuadas y de buena calidad. Así los cortes serán limpios y cicatrizarán rápidamente.

Tijera de mano y podadora para ramas

La herramienta más importante de todas es, sin lugar a dudas, la tijera de mano. Existen básicamente dos tipos de tijeras: tijera yunque y tijeras de fricción.

➤ La **tijera yunque** consta de una cuchilla muy afilada que oprime contra una base plana llamada yunque. Dado que el yunque oprime ambos lados del corte, este tipo de tijera solamente se emplea para ramas y tallos relativamente blandos.

➤ En las **tijeras de fricción**, la cuchilla se desliza a lo largo del yunque plano y no se producen aplastamientos. Estas tijeras resultan ideales para los frutales.

➤ Las marcas de buena calidad comercializan tijeras para diestros y para zurdos, así como para personas con manos pequeñas.

➤ Las ramas de más de 2 cm de diámetro son difíciles de cortar con una tijera, y es mejor emplear la **podadora de ramas.** También en este caso se obtiene un corte más limpio con los modelos de fricción que con los de yunque. Elija una podadora provista de una cuchilla grande y que tenga el yunque curvado y dentado. Sujete la rama haciendo un poco de presión para que no resbale al efectuar el corte. Las empuñaduras largas resultan prácticas para recortar arbustos y para podar ramas a una altura superior a la de la cabeza. Estas podadoras permiten ahorrar trabajo, pero en caso de duda es mejor recurrir a la sierra antes de esforzarse en intentar cortar una rama demasiado gruesa.

Cómo serrar correctamente

Para cortar limpiamente las ramas de más de 4 cm de grosor es necesario emplear el **serrucho.** Sierre siempre al tirar y empuje el serrucho sin ejercer presión, de lo contrario se podrían romper los dientes de la sierra. Las ramas gruesas y pesadas hay que cortarlas por etapas (ver páginas 12/13). Asegúrese de emplear una hoja de sierra en buen estado y de que no pueda resbalar.

Podadora para ramas, tijera de mano y sierra plegable. Éstas son algunas de las herramientas básicas para podar frutales.

Para ahorrar

> Los árboles jóvenes no sólo necesitan un tutor como apoyo, sino que en esta fase es fácil darles la forma adecuada.

Cuidado de las herramientas

A las herramientas de calidad hay que tratarlas con cariño. Si las herramientas se mojan o se humedecen al trabajar con ellas, séquelas al acabar para que no se oxiden. Compre siempre, herramientas que resulten cómodas de utilizar y que puedan desmontarse fácilmente. Así le resultará más fácil afilarlas, engrasarlas y ajustarlas. En las tijeras de fricción, la cuchilla ha de deslizarse limpiamente sobre el yunque y sin juego alguno. Afile regularmente todas las cuchillas o llévelas a un buen afilador. Con unas gotitas de aceite conseguirá que todo funcione mucho más suavemente.

Cordeles y tutores

A veces puede ser necesario atar las ramas laterales demasiado planas para darles forma o sujetarlas a tutores verticales. Cuide de que el cordel o los tutores empleados no aprieten excesivamente o que se suelten con el viento. Tanto los cordeles como los tutores hay que retirarlos, como mucho, al cabo de tres años. ■

Calidad para ahorrar

Una tijera de jardinería de buena calidad puede costar hasta más de 40 euros, pero por ese precio obtendrá usted una herramienta de buena calidad y construida con los mejores materiales.

➤ La tijera es fácil de desmontar, limpiar, engrasar y volver a montar.

➤ La cuchilla puede afilarse fácilmente siempre que haga falta.

➤ Para las herramientas de buena calidad es fácil encontrar piezas de recambio incluso al cabo de bastantes años, por lo que si se rompe algo no hay que cambiar toda la herramienta.

INFORMACIÓN PRÁCTICA

Otras herramientas útiles

✗ Navaja con el extremo curvado –ayuda a pulir los bordes del corte–.

✗ Si hay que serrar muchas ramas es mejor emplear una sierra de arco. Con ella se puede serrar tanto al tirar como al empujar.

✗ Las sierras o tijeras con mango telescópico permiten trabajar a alturas de hasta 5 m. Pero con ellas no se puede conseguir la misma precisión que con una escalera y una tijera de mano o una podadora.

✗ Para los trabajos normales no es necesario emplear una motosierra. ¡Éstas sólo deberían estar en manos de personal cualificado!

Formas naturales y artificiales

Según su emplazamiento, a los frutales se les da una forma u otra.

Los frutos los producen siempre en sus ramas características.

Corona redonda

Generalmente se trata de árboles con un tronco de 1-2 m de altura, injertados sobre patrones de crecimiento intenso, y que necesitan una superficie de 25-100 m².

➤ Su **fase de formación** dura de cinco a diez años durante los cuales se da forma a la planta a partir del tallo vertical principal y tres o cuatro ramas laterales distribuidas uniformemente. Todas estas ramas se conservarán durante toda la vida en el árbol y no serán sustituidas. La poda para dar forma (ver página 18) ayuda a fortalecer estas ramas para que sean capaces de soportar el peso de la fruta. De ellas

parten los brotes florales que servirán para producir flores y frutos. Estas últimas envejecen con el paso de los años y, según las especies, hay que podarlas cerca de la rama principal para dar paso a un brote nuevo.

➤ La poda tardía de **mantenimiento** (ver páginas 18/19) hay que efectuarla periódicamente, pero no cada año. Los árboles con copa redonda producen su primera fruta al cabo de cuatro a

1 Copa redonda

En una corona redonda bien lograda se destacan claramente el tallo y las tres robustas ramas principales.

2 En vaso

En la formación en vaso, las ramas con fruto parten del centro de la estructura. Su forma cónica permite que cada rama reciba una iluminación óptima.

3 Arbustos con bayas

Los arbustos no producen ramas que duren muchos años, pero siempre crecen brotes nuevos. Al cabo de unos años hay que eliminar las ramas viejas y sustituirlas por brotes jóvenes.

● 1-año
● 2-años
● 3-años

> *Los brotes empiezan a ramificarse a partir del segundo año.*

ocho años y llegan a vivir unas cuantas décadas.

Árboles en vaso

Los árboles en vaso crecen sobre patrones poco fuertes y necesitan como mucho 4 m².

➤ Su estructura se basa en un tallo central del que parten ramas horizontales. Se poda en forma cónica («forma de abeto») para que las zonas inferiores reciban suficiente luz.

➤ Para mantener su vitalidad es necesario efectuar una poda anual. Estos árboles producen frutos al cabo de dos años, pero generalmente no viven más de 15 años.

Arbustos con bayas

Estos arbustos constan de ocho a diez tallos que parten directamente del suelo. Dado que su envejecimiento es mucho más rápido que el de los árboles frutales, al cabo de cinco años hay que efectuar una poda drástica a ras de suelo para que crezcan tallos jóvenes.

➤ Si se sujetan a un **espaldar o soporte de alambre** se dejan como mucho tres tallos, pero se colocan las plantas más juntas. Los arbustos sujetos a un soporte de este tipo reciben una iluminación mucho más uniforme que los que crecen de forma natural.

➤ Si se desea obtener un crecimiento arborescente hay que emplear una **estaca fuerte** como tutor. Ocupan poco espacio pero viven solamente de seis a diez años.

Formas de ramas

➤ Los **brotes de un año** son ramas jóvenes que han tenido un primer período de crecimiento. Pueden ser portadoras de yemas de hojas y primordios florales.

➤ Al siguiente año esta rama formará otro brote en su extremo (prolongación), pero simultáneamente produce también pequeños brotes laterales que muy frecuentemente terminan en primordios florales.

Este tipo de rama la denominamos **brote de dos años.**

➤ Los brotes de menos de 10 cm de longitud se denominan **brotes cortos**, y los de más de 10 cm, **brotes largos.**

➤ Cada especie de frutal produce sus flores y frutos en **ramas florales** de una determinada edad. Algunos frutales lo hacen solamente en las ramas jóvenes, pero éstas envejecen pronto y necesitan una poda severa. Otras especies conservan la vitalidad durante muchos años y necesitan menos podas. ■

INFORMACIÓN PRÁCTICA

Edad de las ramas con frutos

✗ Producen fruto en ramas de un año: zarzamora, frambueso de verano, nectarina, melocotonero, guindo, grosellero negro, parra.

✗ Principalmente en ramas de dos años: manzano, peral, arándano, membrillo, grosellero rojo, ciruelo.

✗ En ramas de dos y más años: cerezo, nogal.

✗ Frutos en brotes del mismo año: frambueso de otoño.

La poda adecuada para cada edad

A lo largo de los años hay que
recurrir a diferentes tipos de poda para conseguir la forma deseada y conservar la vitalidad del
frutal.

Poda de plantación

Con esta poda se compensa la
falta de cepellón en las plantas

90–120°

Recortar las
ramas
estructurales

Eliminar los brotes
innecesarios

*Así se realiza la poda para
obtener una copa
redonda.*

procedentes de viveros y a las
que se les han recortado las raíces. También sirve para establecer la futura forma del árbol.

➤ Si se compran árboles de forma cónica (ver página 29) de
buena calidad no es necesario
someterlos a esta poda.

➤ En los árboles de copa redonda hay que elegir tres o cuatro
ramas que partan del tronco
principal. Éstas y el tronco se recortan (ver páginas 8-9) para
fortalecerlas. En todos los árboles frutales hay que eliminar los
tallos que puedan competir con
el principal.

➤ Como regla general: cuanto
más débil se haya desarrollado la
planta, más enérgica deberá ser
la poda de plantación para poder estimular su crecimiento.

Poda de formación

La poda de formación se realiza
durante los primeros tres (arbustos frutales, árboles en forma cónica) a siete años (árboles de
corona redonda) para establecer
la forma definitiva de la corona.
A pesar de que durante este
tiempo la planta puede dar fruto,
éste no es el principal objetivo.

➤ En los árboles de corona redonda hay que podar bien las

ramas cada año (ver páginas 8-
9) para poder fortalecerlas. También hay que eliminar los brotes
que puedan competir con las
prolongaciones de las ramas.

➤ Nunca hay que cortar las ramificaciones laterales, ya que es
en ellas donde se producirán las
flores y los frutos.

➤ En verano hay que eliminar
por completo los tallos chupo-
nes.

➤ En el frambueso y la zarzamora se puede prescindir de este
tipo de poda, ya que no producen ramificaciones de larga duración.

Poda de mantenimiento

Una vez está formado el árbol,
cambia la finalidad de la poda
–ahora se trata únicamente de
aumentar la cantidad y la calidad de los frutos–.

Mediante la poda de mantenimiento se atenúa el crecimiento
de la planta, se elimina la madera vieja para dar paso a la nueva, y se conserva la vitalidad de
las ramas que fructifican.

➤ En los árboles de forma cónica y los arbustos con bayas
hay que realizar una poda de
mantenimiento anual, mientras
que a los árboles de copa re-

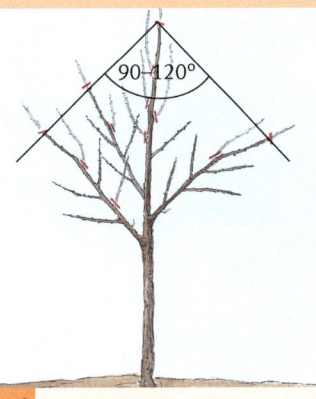

1 **Poda de formación**

Su objetivo es crear una ramificación estable, se eliminan las ramas que crecen hacia dentro. Las ramas estructurales se recortan para que crezcan con más fuerza, pero a las que producen frutos no hay que tocarlas.

2 **Poda de mantenimiento**

Sirve para conservar la vitalidad de la estructura, las ramas florales viejas se cortan casi por su base. A las ramas estructurales y florales solamente se las aligera o se les corrige la orientación.

3 **Poda de rejuvenecimiento**

Se cortan las ramas colgantes y se favorece el desarrollo de ramas jóvenes que crezcan oblicuamente hacia arriba. También se aligeran las puntas de las ramas.

donda basta con podarlos cada dos o tres años.

➤ A los frutales delicados es mejor podarlos solamente en verano, mientras que a los de crecimiento rápido es aconsejable someterlos a una segunda poda (ver páginas 20-21). Cuanto mayor sea la periodicidad con que se poden, más fácil resultará hacerlo.

Poda de rejuvenecimiento

Si a los frutales viejos no se les efectúa la poda de mantenimiento, las ramas que fructifican envejecen y aparecen calvas en el interior de la corona. La poda de rejuvenecimiento consiste en eliminar esas ramas viejas y favorecer el desarrollo de otras nuevas. Además, las ramas caídas se sujetan a los brotes jóvenes de crecimiento vertical (ver página 9). Para conseguir un crecimiento máximo, en primavera es aconsejable someter los manzanos, perales y arbustos con bayas a una poda de rejuvenecimiento, a otros frutales más sensibles puede ser mejor hacérselo en verano. La poda de rejuvenecimiento es un trabajo duro. Para que tenga éxito, hay que extremar los cuidados de la planta durante los dos o tres años siguientes. ◼

RECUERDE

Sepa reconocer las plantas de calidad

A la hora de la compra, los frutales de buena calidad tienen:

✔ raíces sanas,

✔ un injerto bien realizado,

✔ un tronco recto o un tallo central bien desarrollado,

✔ ninguna rama vertical,

✔ una ramificación uniforme con cinco a siete ramas,

✔ ninguna zona seca en las ramas,

✔ una etiqueta en la que consta la especie y la variedad, así como los datos del patrón sobre el que se ha injertado.

Utilidad de la poda de verano

Existen tres motivos para realizar la poda de verano: las plantas delicadas cicatrizan mejor los cortes, se ralentiza el crecimiento de las plantas de desarrollo excesivamente rápido y se estimula una nueva floración.

Los árboles frutales producen en verano las yemas que darán lugar a hojas y flores en la siguiente temporada. Este proceso tiene lugar hasta finales de julio. Las demás condiciones, como por ejemplo el riego y el aporte de nutrientes solamente infuirán en la calidad de las yemas.

Poda de verano temprana

➤ La poda de verano temprana realizada desde mediados de junio hasta finales de julio estimula la producción de yemas florales por debajo del plano de corte. Para ello hay que cortar los brotes del año hasta dejarlos en 5-10 cm. Estos volverán a brotar, pero los brotes serán notablemente más cortos. A lo largo de ellos aparecerán unas yemas florales que nose formarían en los brotes sin podar. Por lo tanto, la poda estimula la producción de flores y de frutos.

➤ Al mismo tiempo, se convierten en vátagos útiles aquellos que solamente habrían sido competidores o secundarios.

Poda de verano tardía

Si la poda de verano se realiza más tarde, después de finales de julio, las plantas solamente volverán a brotar en casos excepcionles. No es aconsejable hacerlo después de mediados de septiembre porque para entonces muchas plantas ya inician su fase de reposo. Evite podar durante los días más caurosos de julio o agosto. La entrada de luz solar directa y muy intensa en el interior de la corona de la planta podría producir quemaduras en la corteza y en las hojas. Si el tiempo es seco, riegue abundantemente las plantas después de podarlas, ya que cualquier tipo de estrés limitaría su capacidad de regeneración.

➤ Si en verano se cortan ramas grandes o se podan plantas delicadas, es necesario tratar la herida con cicatrizantes para que se cierre bien el plano de corte empezando por los bordes. Así el cambium no puede secarse (ver páginas 12-13). Por lo tanto, cuide siempre de que los bordes del corte sean bien lisos.

Para podar un frutal con hojas es necesario observar e ir con cuidado.

Si es necesario, alíselos con un cuchillo (ver información práctica de la página 15).

➤ En la poda de finales de verano también hay que eliminar las ramas verticales, ya que de todos modos habría que cortarlas a la primavera siguiente. De este modo, los nutrientes que ha acumulado la planta sólo irán a las ramas elegidas por nosotros y las reforzarán adecuadamente.

➤ Dado que al realizar la poda de verano también se eliminan hojas, disminuyendo con ello la producción de sustancias de reserva, al año siguiente el crecimiento no será tan acusado (ver páginas 10-11).

➤ Cuanto más tarde se realice la poda de verano, más reservas habrá acumulado la planta y menos afectará a su crecimiento. Por lo tanto, es recomendable podar a finales de verano aquellos árboles que toleren mal la poda de primavera, pero que estén envejecidos y necesiten urgentemente algo que los estimule a crecer. Es lo que sucede, por ejemplo, con el avellano y el albaricoque.

➤ En la práctica, la poda de verano requiere un poco más de «vista» que la de invierno. La abundancia de hojas hace que la forma de la corona no sea tan fácil de reconocer como

> *A los cerezos les sienta mejor la poda de verano que la de invierno.*

en primavera. Antes de empezar a podar es aconsejable intentar hacerse una idea de los huecos que quedarán si se corta esa o aquella rama. A veces resulta útil doblar algunas ramas hacia un lado para ver el efecto que produce. Se ha de empezar a cortar por arriba y por fuera: al cambiar las condiciones de iluminación, las ramas secundarias del interior de la corona pasarán a convertirse en ramas útiles. ■

RECUERDE

Así se poda en verano

✔ **general:** aclarar las ramas verticales o que compitan entre sí,

✔ **espaldares:** poda general y para dar forma,

✔ **kiwi, parra:** cortar los brotes demasiado largos,

✔ **nogal, albaricoquero:** podar todo lo que haga falta,

✔ **cerezo, ciruelo, melocotonero, guindo:** poda de mantenimiento y de rejuvenecimiento,

✔ **zarzamora, frambueso:** eliminar los tallos que ya han dado fruto, aclarar las zonas demasiado densas.

21

Así obtendrá sabrosas frutas
de espaldar

Los espaldares son frutales a los que se ha hecho crecer sujetos a una celosía o a un soporte de alambres. No necesitan ninguna poda especial.

Después de plantar la planta se podan todas las ramificaciones que no van a formar parte de su estructura, cortándolas de modo que quede un pequeño tocón. Las ramas verticales se eliminan por completo. Las ramas horizontales se atan al soporte y se las recorta dejando solamente unos 60 cm. El tallo central se recorta de modo que sólo queden cinco yemas sobre el segundo nivel. Al año siguiente se atan dos de los brotes al soporte horizontalmente y se corta el vástago central.

Las ramas estructurales se prolongarán cada año unos 60 cm. Sus ramificaciones laterales serán las que darán fruto, y hay que mantenerlas siempre cortas. Mediante una buena poda de finales de verano se evita que los brotes crezcan demasiado. Si los brotes del año crecen hasta tener diez hojas, habrá que podarlos dejando sólo seis. Los brotes que partan de ahí habrá que recortarlos a su vez cuando alcancen las diez hojas. Generalmente basta con efectuar dos podas cada verano, aunque la plantas más vivaces pueden necesitar tres. Al siguiente invierno hay que atar las ramas en la disposición adecuada y recortar los brotes de ese año dejando sólo 60 cm. A continuación se podan las ramas de fruto que se hayan divido, dejando solamente un tocón con cuatro yemas. Todas estas podas hay que repetirlas anualmente.

A este joven peral de un solo brazo ya se le empezó a dar esta forma en el vivero. El tallo principal es fácilmente reconocible.

Las especies de **Chaenomeles**, como ésta con flores blancas, se adaptan bien a los espaldares pequeños y son apropiadas para los «principiantes».

Para estimular el crecimiento de los espaldares viejos es recomendable alternar de vez en cuando la poda de verano con la de primavera.

Un peral en espaldar bien cuidado puede vivir muchos años y seguir dando fruta en abundancia, pero es necesario podarlo anualmente.

Rejuvenecer frutales envejecidos

Aunque los árboles y arbustos frutales hayan envejecido sin que nadie los pode en muchos años, siempre es posible rejuvenecerlos.

Con la poda adecuada es posible revitalizar a los arbustos con bayas. Si llevan mucho tiempo abandonados, lo más probable será que no tengan ramas jóvenes. Las ramas viejas serán demasiado largas, colgarán y ya no producirán fruto. Las partes bajas estarán peladas.

Rejuvenecimiento de arbustos frutales

➤ Para estimular la aparición de nuevos brotes desde el suelo, el primer año hay que cortar la mitad de los tallos a ras de suelo.

➤ Los tallos viejos restantes hay que cortarlos hasta llegar a un brote joven que crezca oblicuo hacia arriba y hacia fuera.

➤ A continuación se ha de aligerar el tallo y eliminar a todos los competidores. Al año siguiente se dejan cinco tallos nuevos, fuertes y uniformemente distribuidos, y se eliminan los tallos viejos restantes. El objetivo es conseguir una planta que tenga diez tallos con una edad de uno a cinco años.

➤ Se han de arrancar los estolones que estén demasiado apartados del centro del arbusto. Si se añade compost se le ayudará a brotar después de la poda de rejuvenecimiento.

Rejuvenecimiento de árboles frutales

Si los árboles de copa redonda no se podan durante mucho

Las ramas colgantes se cortan dejando sólo un brote joven que crezca oblicuo hacia arriba.

tiempo, al cabo de unos años sus ramas superiores se ramifican como escobas y acaban doblandose hacia abajo. Consecuencia: al interior de la corona apenas le llega la luz. Las ramas que dan fruto cuelgan –el árbol envejece y no produce nuevos brotes–.

➤ Estos árboles hay que empezar a observarlos detenidamente y ver si aún se aprecia su forma original. Si no es así habrá que empezar por darle forma de nuevo y eliminar todas las ramas que compitan con las principales. Aunque el árbol tenga más de tres ramas que podrían servir para crear su estructura, habrá

Rejuvenecimiento de un arbusto de bayas: lo importante es cortar los tallos a ras de suelo.

que procurar cortarlas todas excepto tres.

➤ Muchas veces crecen ramificaciones verticales muy robustas y paralelas al tronco del árbol, y esto hace que el conjunto envejezca cada vez más. Estas ramas verticales hay que eliminarlas.

➤ A continuación se cortan todas las demás ramas de la corona que tengan crecimiento vertical y se aligeran los extremos de las ramas estructurales, cortando hasta llegar a un brote que ya no cuelgue como una escoba y que siga la dirección original de la rama.

➤ Las ramas con frutos demasiado largas hay que cortarlas hasta llegar a un brote más interior. Las ramificaciones demasiado gruesas hay que cortarlas dejando brotes más jóvenes que partan directamente de la rama principal.

➤ En algunos casos, si el árbol está muy descuidado y envejecido puede ser necesario eliminar hasta un tercio de la corona. Sin embargo, hay que procurar no hacer cortes que sean mayores que la mitad del diámetro de la rama que queda. Se secan y no cicatrizan bien.

➤ Si se ha de efectuar una poda tan severa, en los dos años siguientes se formarán muchos brotes nuevos. Habrá que eliminar la mitad o los dos tercios de

Un árbol envejecido puede recuperar su vitalidad con una poda de rejuvenecimiento.

ellos, a ser posible ya en verano, cortando sobre todo las ramas que crezcan verticalmente o hacia dentro. Las ramas horizontales y orientadas hacia fuera son las que más tarde daran fruto. Estos brotes de un año no hay que recortarlos (ver páginas 8-9). En árboles muy viejos o muy descuidados es preferible repartir las podas de corrección y rejuvenecimiento a lo largo de dos o tres años. ■

INFORMACIÓN PRÁCTICA

Cómo reconocer las yemas florales

✗ Generalmente es casi imposible distinguir las yemas florales de las de las ramas.

✗ Por lo tanto, no realice la poda de primavera hasta que los frutales hayan florecido.

✗ Cuando los frutales estén en flor le será mucho más sencillo distinguir las yemas florales de las demás.

✗ Realice la poda con cuidado y no arranque ninguna flor.

Corrección de podas mal realizadas

Aunque usted haya podado mal o poco a sus frutales a lo largo de los años, siempre está a tiempo de corregirlo.
Cuando los frutales han perdido completamente su forma y ya apenas dan fruta, lo primero que hay que hacer es ver cuál es el fallo que se ha cometido. A partir de ahí se estudiará qué medidas hay que tomar para corregir las consecuencias de esa poda mal realizada. Pero hay que tener en cuenta que los errores que se hayan ido acumulando a lo largo de los años no se podrán subsanar en un sólo año.

Recortar con demasiada frecuencia

Para muchos aficionados a la jardinería, podar es sinónimo de recortar. Pero este recorte no es adecuado para mantener en forma a los árboles. Recortar sirve única y exclusivamente para fortalecer las ramas jóvenes. Pero si cada año se cortan los brotes de un año, se estimula muchísimo el crecimiento. Con el paso del tiempo se forman verdaderos haces de brotes jóvenes que pueden llegar a ser muy densos. El interior de la planta deja de recibir la luz que necesita, las ramas apenas producen frutos y éstos son de pésima calidad.

➤ Empiece por cortar las ramas colgantes y deje la rama lateral que crece hacia fuera. Deberá tener por lo menos dos años y tendrá yemas florales.

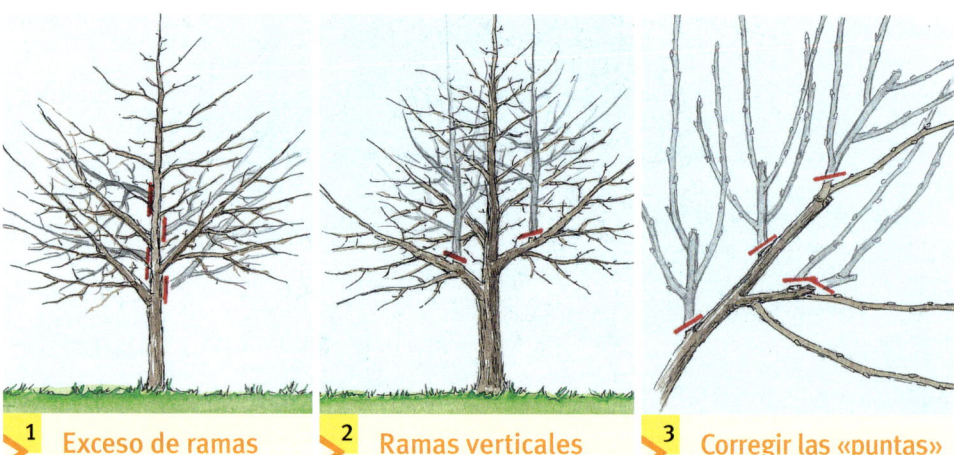

1 Exceso de ramas estructurales

El exceso de ramas impide que la luz llegue al interior de la corona. Elija tres o cuatro ramas principales y corte las demás.

2 Ramas verticales

Las ramas verticales impiden que prospere bien la parte inferior de la corona. Para poder mantener la estructura original es necesario eliminarlas.

3 Corregir las «puntas»

Hay que eliminar por completo los brotes verticales. Un brote sin recortar formará la nueva prolongación. A éste al final habrá que aligerarlo.

> *Recortar constantemente las ramas reduce el crecimiento innecesariamente –a cosa de su productividad–.*

➤ Deje los brotes más débiles y que crezcan más hacia dentro, no los recorte.

➤ La próxima primavera, en los puntos de corte aparecerán ramas verticales. Elimínelas por completo.

➤ Los brotes horizontales y que dispongan de suficiente espacio darán lugar a ramas que fructificarán. Al cabo de tres o cuatro años se moderará el crecimiento del árbol y –según el frutal de que se trate– se podrá volver a podar normalmente.

Exceso de ramas estructurales

Si al efectuar la poda no reduce drásticamente el número de ramas laterales hasta reducirlo a tres, habrá un exceso de ramas robustas.

➤ Elija tres ramas que estén distribuidas uniformemente formando un ángulo de 45-60° con el tronco y corte todas las demás.

➤ Para que estén en el ángulo adecuado, tense hacia arriba las que estén demasiado horizontales y hacia abajo las que sean demasiado verticales (ver página 15).

➤ Corte también las ramas verticales y las que compitan entre sí.

➤ Finalmente, junto a las ramas estructurales solamente habrá ramas florales que no se deberán recortar. Cuando una de estas ramificaciones secundarias alcance un diámetro que sea la mitad del de la rama estructural y haya suficientes brotes para reemplazarla, se la podará efectuando el corte cerca de la rama principal.

Varios brotes centrales

El brote central, o prolongación del tronco, forma parte intrínseca del árbol y deberá permanecer siempre en él. Pero si al cabo de unos años los brotes verticales llegan a ser casi tan gruesos como el tronco, podrán competir entre sí y las zonas inferiores de la corona se despoblarán porque no les llegará suficiente luz. El árbol crece más a lo alto que a lo ancho.

➤ Elimine todos los brotes secundarios de la prolongación del tronco.

➤ En los años siguientes, elimine también las ramas que crezcan verticalmente y deje las horizontales para que produzcan fruto. Estos brotes jóvenes ayudan a que cicatricen los cortes de la poda (ver páginas 12-13). ◼

RECUERDE

Poda correctiva

✔ Si ha de efectuar un trabajo muy amplio, reparta la poda en dos o tres años.

✔ Elimine la mitad de las ramas que hayan aparecido después de la poda correctiva del primer año. Corte sobre todo las ramas verticales. Si es necesario, elimine también algunas ramas gruesas.

✔ El segundo año, aclare las ramas jóvenes. Si es necesario, acabe la poda correctiva.

✔ Realice una poda de mantenimiento cada tres o cuatro años (ver páginas 18/19).

Peral y manzano

El peral y el manzano no producen flores en los brotes de un año.

Las partes más productivas del peral y el manzano son las pequeñas ramas laterales de dos años. Su vitalidad empieza a disminuir a partir del tercer año, pero todavía siguen generando un gran número de yemas florales. Este proceso continúa durante los años siguientes. Las ramas envejecen, cuelgan hacia el suelo y necesitan ser sustituidas. Para ello se elije un brote situado cerca del tronco y que ya tenga algunas yemas florales.

Formación de una copa redonda

➤ Para crear una copa redonda (ver página 16) a partir de cuatro ramas estructurales es necesario recortarlas anualmente desde los seis a los ocho años.

➤ Las tres ramas laterales deberán formar un ángulo de 45-60º con el tronco.

➤ Para que todas las ramas reciban un mismo aporte de nutrientes, córtelas todas a una misma altura. Las ramas gruesas córtelas en un tercio, y las menos fuertes por la mitad. Empiece por la rama más débil, esa le marcará la pauta para la siguiente. Los brotes superiores se orientarán hacia fuera. Así obtendrá una corona muy amplia y en la que entrará mucha luz.

➤ Corte el brote central de modo que forme un ángulo de 90-120º con las ramas estructurales.

Siga estas reglas básicas para podar los manzanos y perales durante los siguientes años. Elimine las ramas verticales, las que crezcan hacia dentro y las que puedan competir con las ramas estructurales. Especialmente los perales, tienen tendencia a producir al cabo de unos años unas ramas verticales que consumen toda la energía del árbol. Reconocerá fácilmente estos brotes porque crecen verticalmente desde su base. Las ramas cuya base es horizontal pero que luego crecen verticalmente no son peligrosas, ya que más tarde descenderán por el peso de la fruta.

Mantenimiento de la copa redonda

Cuando las ramas que dan fruto empiecen a envejecer, lo cual sucede al cabo de tres a cinco años, corte las ramas colgantes para favorecer el desarrollo de brotes jóvenes que ya tengan yemas florales. Las ramas florales gruesas hay que cortarlas cerca de la rama principal (ver páginas 26-27). El manzano y el

> *Las yemas florales en brotes de dos años producirán frutos al tercer año.*

peral suelen producir brotes jóvenes directamente a partir de la madera vieja. Éstos se prestan para renovar las ramas con fruto; no hay que recortarlos ni eliminarlos.

Copa cónica

La estructura de un árbol con forma cónica está formada casi exclusivamente por su tronco, todas las ramificaciones laterales son portadoras de fruto (ver páginas 16-17).

➤ Lo ideal es comprar un árbol joven con una altura de unos 60 cm y que ya tenga de cuatro a siete ramas horizontales distribuidas uniformemente. No hay que recortar las ramas. El tallo central no deberá superar la altura de la rama más alta en más de 50-60 cm. De lo contrario habrá que recortarlo, pero esto haría que volviese a brotar con fuerza. Elimine todas las ramas fuertes próximas a ese plano de corte, con excepción de la prolongación del tronco.

➤ La poda de mantenimiento se limitará a aligerar el tronco y eliminar las ramas verticales.

➤ Corte las ramas demasiado largas o colgantes para favorecer el desarrollo de brotes horizontales, más internos y de por lo menos dos años. Si el diámetro de una rama con fruto es

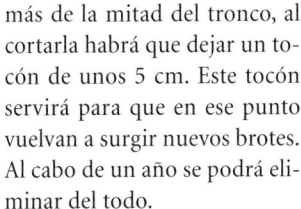

1 | **Copa de tres años**

Para conseguir una corona estable y que reciba buena luz es imprescindible empezar por crear una estructura adecuada. Todavía hay que recortar las ramificaciones.

2 | **Manzano con forma cónica**

En este caso hay que eliminar las ramas verticales para conseguir una forma estilizada. Las ramas gruesas hay que cortarlas cerca del tronco.

más de la mitad del tronco, al cortarla habrá que dejar un tocón de unos 5 cm. Este tocón servirá para que en ese punto vuelvan a surgir nuevos brotes. Al cabo de un año se podrá eliminar del todo.

➤ Muchas veces aparecen unas robustas ramificaciones en la parte superior del árbol que le quitan todas sus fuerzas. Elimine todas estas ramificaciones dejando únicamente un brote apical con algunas yemas florales. Si éste se curva por el peso de la fruta, sustitúyalo por otro brote vertical de por lo menos dos años. ■

Ciruelos y similares

Los ciruelos, ciruelos mira-bolanos, claudias y similares fructifican en ramas de dos o tres años de edad.
En estos frutales, solamente algunas de las variedades más recientes tienen yemas florales en brotes largos de un año. Sin embargo, las ramas cortas suelen tener yemas florales. Estas ramas envejecen al cabo de cuatro o cinco años, pero si se realiza una poda regular siempre habrá ramas con frutos.

Formación de la copa redonda

La estructura del ciruelo y sus parientes cercanos es similar a la del manzano y el peral. Pero además de tronco se pueden dejar hasta cuatro ramas estructurales, ya que las ramas con fruto siempre se mantendrán cortas porque estarán sometidas a una intensa poda de mantenimiento.

➤ Las ramas estructurales hay que recortarlas en primavera durante los primeros siete años. Las ramas laterales formarán el mismo ángulo con el tronco que las del manzano (ver páginas 28-29).

➤ Los ciruelos suelen producir ramas casi verticales que compiten con el tallo (ver páginas 8-9). Hay que eliminarlas inmediatamente.

➤ Las podas de mantenimiento y de rejuvenecimiento siempre hay que efectuarlas en verano (ver página 20-21).

➤ Los ciruelos son muy sensibles a los cortes grandes, por lo que solamente habrá que cortar ramas pequeñas. Para evitar cortes demasiado amplios, se reducen las ramas gruesas a un tocón de unos 10 cm de longitud. Al cabo de dos o tres años, la rama principal ya se habrá engrosado lo suficiente y se podrá cortar el tocón.

➤ Los ciruelos, y especialmente las claudias, suelen perder follaje interno. Por lo tanto, cada año habrá que podar las ramas colgantes y muy ramificadas dejando un brote de dos años. Si puede optar entre varios brotes, elija uno que crezca hacia fuera y corte los demás. Así aligerará el conjunto y estimulará el crecimiento para los próximos años.

Forma cónica

No es fácil conseguir darle forma cónica a un ciruelo, y estos árboles pueden alcanzar una altura de más de tres metros.

➤ Si el tallo se deriva demasiado pronto, su extremo crecerá excesivamente. Por lo tanto, durante los primeros tres o cuatro años hay que aligerar el tallo en primavera hasta que

A los ciruelos se les da forma con hasta cuatro ramas laterales.

1 Rama con fruto

En los ciruelos y similares, las ramas que más fruto producen son las de dos a tres años. Las yemas florales se pueden apreciar claramente poco antes de la floración.

2 Poda de mantenimiento

Una poda periódica estimula al ciruelo a producir nuevas ramas con frutos. Hay que eliminar las ramas verticales y es importante no realizar cortes grandes.

3 Poda de rejuvenecimiento

Evite los cortes grandes: corte sobre tocones y elimínelos al cabo de dos años. Así el árbol lo tolerará mucho mejor.

solamente produzca ramas horizontales con yemas florales. Cuando alcanza una altura de 2,5 m ya se puede sustituir el extremo del tallo por una rama. En verano se cortan los brotes jóvenes dejando tocones de 2 cm.

➤ Las ramas colgantes hay que podarlas regularmente para favorecer el desarrollo de brotes internos y horizontales de dos años.

➤ En los árboles viejos suele curvarse la punta y hay que renovarla cada tres años.

➤ Elija como nueva punta del árbol un brote vertical que tenga yemas florales.

➤ También pueden orientarse las ramas con frutos. Las nuevas ramas de sustitución han de ser horizontales pero ligeramente orientadas hacia arriba.

➤ En verano hay que cortar las ramas gruesas que ya apenas producen fruta, dejando un tocón de 10 cm. Si todo va bien, producirán nuevas ramas que habrá que aligerar y cuidar hasta que den fruto. Los brotes que surgen de la rama principal hacen que se seque el tocón. Al siguiente verano ya se podrá eliminar. ■

INFORMACIÓN PRÁCTICA

Cuidado: ¡Hongos!

✗ En los ciruelos y similares, los cortes grandes se secan hasta llegar a la madera vieja.

✗ Por los planos de corte pueden penetrar esporas de hongos. Al cabo de unos dos años se manifiestan los hongos en el exterior del árbol, pero para entonces ya han infestado todo su interior y no hay nada que hacer.

✗ ¡Evite a toda costa los cortes de más de 5 cm de diámetro! Procure que el corte sea limpio y pode solamente en verano hasta finales de verano principios de otoño.

31

Cerezo y membrillo

El cerezo y el membrillo tienen su floración más importante en las ramas de dos años.

El cerezo y el membrillo se diferencian principalmente en un punto: las ramas del cerezo conservan su vitalidad durante más tiempo, es decir, que también las ramas viejas y cortas pueden producir gran cantidad de frutos. En el membrillo, las ramas con frutos suelen envejecer antes de los cinco años.

Cerezo

La estructura del cerezo está formada por un vástago central y tres ramas laterales.

➤ Las ramas estructurales hay que podarlas en primavera durante los primeros cuatro o cinco años. A partir de ese momento, la poda de la estructura se limitará a rejuvenecer las puntas (ver página 9).

➤ Los cerezos suelen formar un verticilo: por debajo de la yema apical del brote se desarrollan hasta siete brotes laterales a la misma altura. Hay que eliminarlos. La copa de un cerezo bien podado puede parecer un poco «vacía». Si observa el árbol al verano siguiente verá que la copa está aligerada y que la luz llega

1 Cerezo de unos 4 años

Pasados cuatro años ya no hay que recortar más las ramas estructurales. Si en el extremo de un brote aparece un verticilo, elimine todos los brotes menos uno.

2 Rejuvenecimiento de un cerezo

La poda de rejuvenecimiento de los cerezos ha de realizarse siempre en verano. Evite efectuar cortes directamente junto a las ramas estructurales.

3 Aligerar un membrillo

La poda de mantenimiento del membrillo se limita a mantener una copa despejada y a aligerar periódicamente las ramas que producen fruto.

> Los membrillos de manzano tienen un sabor más intenso que los de peral, pero también son más duros.

sin obstáculos hasta su interior. Y esto hace que las ramas internas conserven su vitalidad y sigan produciendo frutos.

➤ Una vez formada la estructura, pode el cerezo solamente en verano.

➤ Para ello, elimine por completo los brotes verticales y los que compitan entre sí. Recorte las ramas colgantes y favorezca el desarrollo de brotes más jóvenes.

➤ Si hay que eliminar una rama gruesa, dirija un brote desde cerca de la rama principal hacia fuera. Así evitará hacer cortes grandes. En los cerezos adultos,

la poda de mantenimiento se efectúa cada tres años.

Cerezo con forma cónica

También aquí se aplican las reglas básicas de los árboles con esta forma (ver páginas 17 y 29). En los cerezos hay que procurar que la parte superior del árbol sea muy esbelta. En verano se pueden cortar las ramas muy gruesas y viejas, así como las de crecimiento vertical, dejando unos tocones de 10 cm. En el mismo verano, éstos producirán pequeños brotes con yemas florales.

Membrillo

El membrillo se suele cultivar con la copa en forma redonda, la poda de formación es similar a la del manzano. A pesar de que los membrillos de peral crecen algo más robustos que los de manzano, ambos se podan de la misma manera.

Los membrillos tienen tendencia a crecer de forma un tanto «extraña». Por ejemplo, si se cortan las ramas laterales de un árbol joven para favorecer a las yemas que apuntan hacia fuera, puede suceder que éstas no lleguen a brotar y que sí que lo hagan otras situadas más hacia dentro y que crecerán hacia el interior del árbol. En ese caso, desvíe toda la rama mediante un brote que crezca hacia fuera. Sin em-

bargo, a pesar de este crecimiento tan caprichoso vale la pena intentar conseguir una estructura poco densa y una copa uniforme. Si el árbol crece más de la cuenta, las ramas cuelgan hacia el suelo por el peso de los frutos. Desvíe esas ramas mediante brotes más interiores y aligérelos a continuación. En el membrillo no hay que olvidar que es necesario cortar las ramas viejas y muy ramificadas para sustituirlas por brotes jóvenes de a partir de uno o dos años y de 15 cm de longitud. ■

Melocotonero, albaricoquero y cerezo ácido

Los melocotoneros y los cerezos ácidos solamente producen fruta en abundancia en las ramas largas de un año de 30-40 cm de longitud. El albaricoquero fructifica mejor en ramas cortas de un año y de 15 cm de longitud.

Si no se los poda, estos tres frutales envejecen en poco tiempo y les aparecen muchos claros. Si se desean obtener constantemente nuevas ramas florales es necesario realizar anualmente una poda severa. La poda de formación es mejor realizarla a finales de primavera para estimular el crecimiento, mientras que al árbol la de mantenimiento le resulta más soportable en verano. El albaricoque se poda después de brotar (ver páginas 10-11).

Melocotonero y nectarina

En el melocotonero encontramos unas falsas ramas largas de fruto con yemas florales redondas en toda su longitud y una yema de hoja en la punta. Las verdaderas ramas de fruto tienen una yema de hoja entre cada dos yemas florales. Esa yema de hoja es la que se encargará de nutrir al fruto durante su crecimiento.

La copa del árbol se forma a partir de cuatro ramas estructurales, eliminándose por completo la prolongación del tallo. Esta copa «hueca» permite que la luz le llegue mucho mejor (ver recuadro de la siguiente página).

➤ Al podar se reducen las ramas estructurales a un tercio, la yema más alta estará orientada hacia fuera y deberá ser una yema de hoja.

➤ Durante los primeros cuatro años hay que prolongar las ramas estructurales a razón de 50 cm anuales. Las ramas frutales falsas, las que ya tengan varios años, y las ramas gruesas que crecen hacia el interior hay que cortarlas dejando un tocón de 2 cm. Las verdaderas ramas frutales no hay que recortarlas. Por cada 10 cm de rama estructural se conservan tres ramas frutales verdaderas. Cada año hay que eliminar hasta dos tercios de los brotes de un año.

Cerezo ácido

A los cerezos ácidos se les da forma de copa redonda con un vástago central y cuatro ramas laterales.

➤ Durante los primeros cinco años hay que cortar por la mitad las prolongaciones de las ramas estructurales. El objetivo de la poda de mantenimiento es producir anualmente brotes jóvenes junto a la estructura para evitar que la copa se vacíe.

➤ Hay que empezar por cortar las ramas verticales y las que compiten entre sí. Las ramas frutales viejas, sobrantes, demasiado cortas se cortan dejando un tocón de 2 cm de longitud

➤ En los melocotoneros hay que cortar la mitad de los brotes de un año.

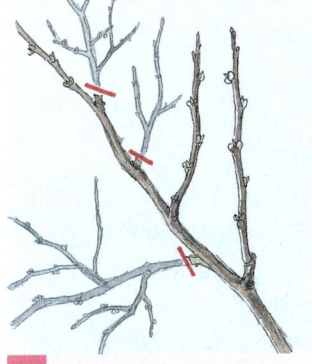

1 Melocotonero

Las verdaderas ramas frutales además de yemas florales también tienen yemas de hojas. Las ramificaciones cortas que sólo tienen yemas florales hay que cortarlas dejando un pequeño tocón.

2 Cerezo ácido

El cerezo ácido fructifica mejor en ramas de más de 20 cm de longitud. Las ramas viejas hay que podarlas dejando siempre un pequeño tocón.

3 Albaricoquero

En el albaricoquero hay que estimular el crecimiento de los brotes cortos de un año, en ellos están las yemas florales. Solamente hay que podarlo en verano.

junto a la rama principal. Hay que conservar tres brotes de un año de 20-30 cm de longitud por cada 10 cm de rama.

➤ En verano hay que cortar las ramas colgantes de los árboles viejos para favorecer el desarrollo de brotes jóvenes. Si los brotes tienen extensas zonas sin ramificaciones habrá que cortarlos dejando un tocón de 2 cm junto a la rama. Así se estimula un nuevo crecimiento. Cuando el tocón se seque, ya se podrá eliminar.

Albaricoquero

Los albaricoqueros se pueden cultivar en espaldar sujetos a una pared (ver páginas 22/23). Si se desea obtener un árbol con copa redonda habrá que proceder como con el melocotonero. Los albaricoqueros tienen tendencia a producir siempre ramas largas y verticales.

➤ A principios de verano hay que podarlas dejando tocones de 10 cm, así todavía aparecerán yemas florales. En verano hay que podar también las prolongaciones de las ramas estructurales dejando unos 50 cm; al mismo tiempo se eliminan las ramas que puedan competir entre sí.

➤ Las ramas frutales se forman a partir de brotes cortos de un año de hasta 15 cm de longitud. Los que sobren se cortan dejando un pequeño tocón. Hay que dejar cuatro ramas frutales por cada 10 cm de rama estructural. ■

INFORMACIÓN PRÁCTICA

¿Qué son las copas huecas?

✗ La copa hueca está formada por cuatro ramas laterales. El vástago central se corta lo antes posible por encima de la inserción de la última rama.

✗ La copa hueca sirve para que reciban suficiente luz aquellos frutales que necesitan mucho calor, como por ejemplo el melocotonero o el albaricoquero.

✗ Si la elevada presión de la savia hace que crezcan brotes fuertes en el centro y por encima de la inserción de las ramas, habrá que cortarlos en el mismo verano.

Parra y kiwi

**Las parras y los kiwis produ-
cen sus frutos en brotes de un
año. Florecen en la parte inferior del brote.**

A pesar de que estas dos plantas
trepadoras generan unas rami-

➤ *Si las parras se podan
correctamente pueden
vivir durante décadas.*

ficaciones estructurales muy
robustas, no son capaces de
aguantar su propio peso y ne-

cesitan apoyos para trepar. Estos soportes pueden ser de ace-
ro, de madera, o de alambre, y
pueden estar aislados o junto a
una pared.

Para poder controlar bien la
planta y evitar su envejecimiento, tanto las parras como los kiwis necesitan cada año una poda
de primavera y otra de verano.
En el kiwi, a lo largo de un verano los brotes pueden llegar a
convertirse en una jungla impe-
netrable.

Parra

Forme sus parras como espaldar
en varios pisos. Las parras pueden desarrollarse perfectamente
con ramificaciones de hasta 10
metros de longitud.

➤ Oriente solamente una rama
en cada nivel del soporte.

➤ Corte anualmente las prolongaciones de las ramas dejando solamente siete yemas
hasta alcanzar la longitud final
deseada.

➤ En las ramas aparecerán brotes frutales que habrá que reducir a dos yemas cuando tengan
un año, es decir, a la siguiente
primavera. Estas dos yemas darán lugar a dos brotes frutales
que fructificarán por su parte

inferior. Entre mediados y finales de mediados de veranoo hay
que cortar estos brotes cuatro
hojas por encima del racimo
más alto. También hay que eliminar los brotes que pudiesen
aparecer posteriormente.

➤ A la siguiente primavera se
elimina por completo el más alto de ambos brotes frutales, el
que está más cerca de la rama
principal se corta dejando dos
yemas. Así se tiene la seguridad
de que aunque pasen muchos
años solamente habrá dos brotes
con fruto en cada inserción
–una garantía para obtener unas
grandes y sabrosas uvas–.

Kiwi

La poda que describimos a continuación se aplica tanto a los kiwis de fruto grande como a los
de fruto pequeño. En principio,
los kiwis se forman como las parras. Pero al ser más sensibles al
frío no alcanzan unas dimensio-
nes tan amplias.

➤ La estructura de una planta
de kiwi está formada por un
vástago central vertical del que
parten ramificaciones laterales
horizontales.

➤ Prolongue estas ramas estructurales como mucho 1 m

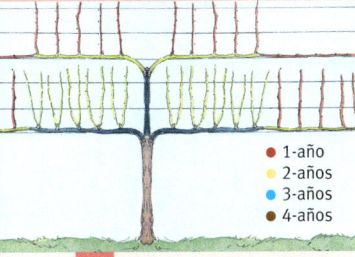

- ● 1-año
- ● 2-años
- ● 3-años
- ● 4-años

1 > Parra en espaldar

Una parra en espaldar necesita un soporte amplio y que se pueda prolongar de año en año. Los brotes con fruto parten de las ramas estructurales.

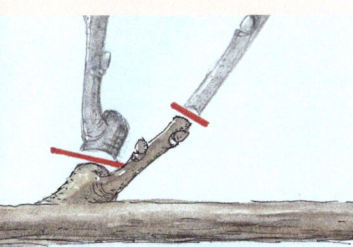

2 > Ramas frutales de la parra

De los dos brotes, se elimina el superior y se recorta el inferior dejando dos yemas.

3 > Poda del kiwi

Las ramas frutales se podan a finales de primavera dejando unos tocones de 5 cm.

al año. Así tendrá la seguridad de obtener yemas en toda su longitud.

➤ De las yemas surgen las ramas frutales. Las flores habrán aparecido el año anterior. La floración se produce solamente en la parte inferior de los brotes de ese mismo año. Estas ramas florales hay que podarlas durante el verano limitando su longitud a 1 m. Si bajo los puntos de corte apareciesen nuevos brotes, habría que eliminarlos por completo. Así la estructura de la planta siempre quedará a la vista.

➤ A la siguiente primavera se cortan las ramas que ya hayan dado fruto dejando solamente un pequeño tocón de 5 cm. Si con el paso de los años se forman gruesas ramificaciones de las ramas frutales, se las puede respetar.

La poda del kiwi es menos severa que la de la parra. Si al cabo se seis a ocho años se aprecia que el kiwi pierde mucha vitalidad, hay que cortar las viejas ramas frutales cerca de la rama estructural para favorecer el desarrollo de un brote joven que también se podará dejando sólo 5 cm.

➤ Si envejece toda una rama estructural, córtela dejando un brote joven cercano al vástago central, pódelo hasta 1 m y sujételo horizontalmente al soporte.

➤ Los kiwis conviene podarlos a finales de primavera. Esta planta vierte mucha savia al cortarla, pero en esa época ya estará a salvo de las heladas.

➤ No hay que olvidar que existen kiwis machos y kiwis hembras (ver las páginas 50 y 56). ■

Grosellero y uva espina

Estos arbustos frutales producen regularmente nuevos brotes que parten del suelo. Su estructura está formada por diez o doce de esos tallos; a partir de ellos crecen las ramas frutales.

Los groselleros rojos y la uva espina fructifican principalmente en brotes laterales de un año y de hasta 20 cm de longitud que parten de vástagos de dos años. El grosellero negro y el Jostina fructifican en brotes de un año de más de 20 cm de longitud.

Deje que en el arbusto haya vástagos de distintas edades, pero es importante que ninguno tenga más de cinco años. Por ello, cada año conviene sustituir dos tallos viejos por dos brotes nuevos y fuertes y cuidar de que su distribución en la planta sea uniforme. Todos los brotes nuevos tendrán que ser eliminados.

Grosellero rojo

El objetivo de la poda (figura 1.) es, además de cuidar la planta, estimular el crecimiento de brotes de un año de unos 10-15 cm de longitud.

Hay que dejar una rama en cada 10 cm de vástago estructural; el siguiente verano florecerá y dará fruto. ¡No hay que recortarlos nunca!

Las ramas viejas o superfluas se cortan dejando tocones de 2 cm.

> 1 Grosellero rojo

Al grosellero se le aligeran los tallos y se desvían sus puntas. También hay que cortar las ramas frutales superfluas dejando pequeños tocones.

> 2 Grosellero Jostina

Los groselleros negros y Jostinas necesitan una poda más severa que la del grosellero rojo. Así se estimula el crecimiento de los vástagos de un año.

> 3 Forma arborescente

Si se desea que el arbusto crezca con forma de arbolito hay que podarlo cada año para evitar efectuar cortes demasiado grandes. Derivando regularmente las ramas se consigue que la copa sea compacta.

> Las formas arborescentes ocupan poco espacio en el jardín, pero no viven muchos años.

A partir de estos crecerán las ramas frutales para el siguiente año. Si las ramas superiores tienden a curvarse hacia abajo, córtelas para favorecer el crecimiento de una rama inferior de un año. Aligérela si es necesario.

Uva espina

La formación y la poda de la uva espina se realizan igual que las del grosellero rojo. Pero la uva espina tiene un crecimiento menos robusto y sus ramas frutales suelen curvarse por el peso de la fruta y llegan a tocar el suelo. Por este motivo, para sustituir a las ramas viejas solamente se emplean los vástagos de un año más robustos. La ramificación suele ser más densa que la del grosellero rojo, por lo que habrá que efectuar una poda de aclarado más intensa dejando pequeños tocones. Las ramas estructrales demasiado largas o inestables se cortan para favorecer el crecimiento de otras ramificaciones inferiores.

Grosellero negro y grosellero Jostina

En estas especies interesa favorecer el desarrollo de ramas largas de más de 20 cm de longitud (ver figura 2). No hay que recortarlas. De los vástagos nuevos que surjan del suelo solamente hay que conservar los dos más robustos. Hay que cortar todos los demás, así como los dos más viejos. Las ramas cortas de un año se eliminan dejando sólo un pequeño tocón. Hay que podar regularmente las ramas estructurales favoreciendo los brotes laterales inferiores.

Espaldar de alambre

Si se desea cultivar estos arbustos en espaldar hay que sujetar tres vástagos estructurales a un armazón de alambre.
No se han de acortar las prolongaciones anuales, sólo hay que aligerarlas. Si sobrepasan su soporte hay que desviarlas (ver página 9). Las ramas estructurales hay que renovarlas al cabo de cinco años.

Forma arborescente

Están injertados sobre grosellero dorado *(Ribes aureum)* y para que no cedan por el peso de la fruta necesitan un patrón que llegue hasta la copa (ver figura 3). Su estructura está formada por un tallo central y cuatro ramas laterales de 20-30 cm de longitud. De ellas brotarán las ramas frutales, qué serán podadas del mismo modo que las del arbusto. La rama estructural hay que podarla cada año favoreciendo un brote que crezca más hacia dentro. ∎

Frambueso, zarzamora, arándano

El frambueso y la zarzamora fructifican en las ramificaciones laterales de las ramas de un año, mientras que los arándanos lo hacen en los brotes largos y cortos de un año.

En los frambuesos y las zarzamoras, cada año brotan del suelo nuevos tallos sin ramificaciones. Los de la zarzamora pueden alcanzar los 5 m de longitud, mientras que los del frambueso no suelen superar los 3 m. Los frambuesos que fructifican en otoño lo hacen en los brotes de ese mismo año. Tanto los frambuesos como las zarzamoras tienen unos tallos muy poco robustos y que necesitan crecer sujetos a un soporte. El arándano tiene crecimiento arbustivo. Sus tallos envejecen al cabo de unos diez años.

Frambueso

➤ Los tallos superfluos o sobrecargados hay que cortarlos en verano inmediatamente después de la cosecha. Cada 10 cm hay que dejar un brote fuerte y sin cortar, y atarlo al soporte.

➤ Procure no efectuar cortes ni rozaduras en los tallos ya que podrían ser una vía de entrada para organismos patógenos. Para las ligaduras se pueden emplear ramitas de mimbre o alambre envuelto en papel.

➤ En la siguiente primavera hay que cortar los tallos de un año limitando su longitud a 1,8 m. Después de la cosecha se cortan a ras de suelo y se inicia un nuevo ciclo.

Frambuesos de otoño

Para que crezcan bien los frambuesos que fructifican en otoño es suficiente con hacer que sus tallos se desarrollen a través de una trama horizontal de alambre. No hacen falta ligaduras. Los tallos volverán a fructificar el año siguiente, pero solamente producirán frutos pequeños. Para conseguir frutos grandes hay que cortar todos los tallos cada primavera.

Zarzamora

Si se mantienen las plantas con una separación mínima de 3 m, se puede dejar que las zarzamoras produzcan cada año de cinco a siete nuevos tallos fuertes. Los

➤ *Los frambuesos pueden producir hasta 4 kg de fruta por metro: diez ramas son suficientes.*

Para ahorrar

1 Frambueso

En los frambuesos que fructifican a principios de verano, después de la recogida hay que cortar los tallos que hayan dado fruto. Al mismo tiempo se cortan también los tallos débiles o superfluos.

2 Zarzamora

Las ramificaciones laterales de los tallos de zarzamora de un año hay que cortarlas en primavera dejando solamente 3 yemas. Los tallos principales se podan conservando una longitud de 3 metros.

3 Arándano

En el arándano hay que renovar regularmente las ramas frutales muy ramificadas y favorecer el desarrollo de brotes jóvenes. También conviene aligerar las puntas de las ramas estructurales.

restantes se cortan en verano. De estos tallos surgirán unas ramas laterales que en el mismo año llegarán a medir un metro. La primavera siguiente, antes de que la planta empiece a brotar hay que podar estas ramificaciones laterales dejando solamente tres yemas. A continuación se podan los tallos principales, dejándolos como mucho en 3 m, y se distribuyen por el soporte.

El exceso de tallos y la longitud excesiva de éstos afectan negativamente a la calidad de la fruta. Las ramas que ya hayan dado fruto se eliminan directamente después de la recolecta. En las regiones muy frías hay que protegerlas de las heladas.

Arándano

La estructura del arándano está formada por unos diez tallos que surgen del suelo y que conservan su vitalidad durante unos diez años. Los arándanos fructifican en el extremo de los brotes largos de un año, más tarde lo hacen en los brotes laterales cortos. Elimine cada año todos los tallos que surjan del suelo excepto el más robusto. Éste sustituirá a un tallo viejo. No hay que podar las ramas estructurales, sólo hay que aligerar periódicamente su parte superior. Para obtener frutos de buena calidad, cortar las ramas frutales viejas y favorecer el crecimiento de brotes jóvenes cerca de las ramas estructurales. ■

El placer de los
frutos silvestres

Los frutos silvestres y las frutas raras se cultivan más por su aspecto estético que para el consumo. Se las suele podar poco.

Nogal: Su estructura se forma como la del manzano (ver página 28). Sin embargo, solamente hay que recortar las ramas para igualar sus longitudes. En verano hay que podar los árboles jóvenes eliminando las ramas verticales, las que compiten entre sí y las que pueden rasgarse. A los nogales bien desarrollados no es necesario podarlos periódicamente.

Saúco: El saúco se suele cultivar en forma de arbusto con tres ramas estructurales. Fructifica en ramificaciones de un año. Éstas se podan después de la recolecta para favorecer el desarrollo de otros brotes jóvenes que son los que darán fruto al año siguiente. Hay que dejar un máximo de diez brotes frutales en cada rama.

Serbal rojo: El serbal rojo se cultiva normalmente en forma de árbol. Su estructura se forma como la del manzano (ver página 28), pero la copa presenta una forma más vertical y no se recortan las ramas estructurales. Las ramas frutales conservan su vitalidad durante mucho tiempo. Cuando dejan de florecer hay que cortarlas, de esta forma se da paso a un brote joven.

Lonicera caerulea: Se cuida y se poda como el grosellero rojo, pero alcanza una altura de hasta 2,5 m. A los 5-8 años hay que sustituir las ramas estructurales viejas por brotes jóvenes y aligerar los extremos de la planta. Su fruto suele madurar a finales de primavera o antes.

Madreselva de bayas dulces *(Lonicera caerulea var. kamtschatica)* es una planta de floración temprana y cuyo fruto madura a finales de primavera. Se puede podar después de la recogida.

Bayas de saúco: En primavera, el saúco *(Sambucus nigra)* produce pequeñas ramificaciones laterales en sus ramas de un año. Sus extremos fructifican en verano.

Un nogal en casa: Un nogal *(Juglans regia)* bien formado necesita poca poda, pero al crecer puede cubrir fácilmente una superficie de más de 100 m².

Fruta en abundancia: El serbal rojo *(Sorbus aucuparia)* produce una gran cantidad de fruto. Es necesario podarlo periódicamente para que conserve su vitalidad.

Descripción de especies

Manzano y peral

Según las variedades, las manzanas y las peras maduran desde finales de verano hasta mediados de otoño y se pueden guardar hasta finales de invierno (peras) o hasta finales de primavera (manzanas). Para que ambos frutales no sólo florezcan sin que también sean fecundados es necesario que en las proximidades haya otro árbol de la misma especie y de otra variedad capaz de fecundarlos. Las flores de los manzanos y de los perales no pueden fecundarse ellas mismas ni con otras de la misma variedad. Y no todas las variedades son igualmente adecuadas. La Golden, por ejemplo, fecunda a muchas variedades, pero la Boskoop no es apropiada. Al recoger estas frutas hay que distinguir entre «madurez para la recolecta» y «madurez para el consumo» (ver tabla de las páginas 54-55). Las variedades tempranas se consumen después de la recolecta, y las tardías hay que dejarlas madurar. Algunas variedades nuevas, son resistentes a los hongos. A pesar de que la variedad Golden necesita bastantes cuidados, su excelente aroma hace que valga la pena cultivarla.

Manzano Boskoop
Variedad de *Malus domestica*

Altura/Anchura: 2,5–8/1,5–12 m
Cosecha: de finales de verano a principios de otoño

➤ **flores muy grandes**

Características: variedad robusta y de fuerte crecimiento; no apta para fecundar; es recomendable podar en verano si crece excesivamente.
Ubicación: evitar los suelos secos y lugares en los que puedan darse heladas tardías.
Fruto: maduro para el consumo a partir de finales de otoño; se conserva hasta principio de primavera en almacenamiento natural; manzana de gran tamaño; color verde y rojo con tonos de color óxido y superficie ligeramente áspera; aroma ácido.
Empleo: como árbol; buena manzana de mesa, para asar y para cocinar; como fruta seca.

Manzano Early Red One
Variedad de *Malus domestica*

Altura/Anchura: 2,5–5/1,5–8 m
Cosecha: de finales de verano a principios de otoño

➤ **fruto muy dulce como todos los del grupo «Delicious» al que pertenece esta variedad**

Características: variedad de floración corta; poda anual; renovar periódicamente las ramas frutales; ocasionalmente sensible a los hongos.
Ubicación: necesita suelos ricos en nutrientes; se puede cultivar hasta en lugares relativamente altos.
Fruto: de color rojo y de calibre medio, pulpa firme y jugosa de baja acidez, que puede convertirse en harinosa si la recolección es tardía.
Empleo: tanto para jardines como para prados; manzana de mesa muy apreciada; también es adecuada para hacer compota.

 sol   semisombra   autofértil   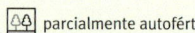 parcialmente autofértil

Manzano Topaz
Variedad de *Malus domestica*

Altura/Anchura: 2,5–5/1,5–8 m
Cosecha: de finales de verano a principios de otoño

➤ **excelente aroma**

Características: variedad resistente; necesita una poda anual para renovar las ramas frutales; sensible a los pulgones; resistente a los hongos.
Ubicación: para suelos ricos en nutrientes; evitar la presencia de hierbas cerca de sus raíces; lugares bien ventilados.
Fruto: maduro para el consumo a partir de mediados de otoño; en almacenamiento natural se conserva hasta mediados de invierno; tamaño medio, color rojo, carne suave y blanda; muy aromático y ligeramente ácido.
Empleo: es una excelente manzana de mesa.

Peral Bosc´s Flaschenbirne
Variedad de *Pyrus communis*

Altura/Anchura: 2,5–10/1,5–8 m
Cosecha: de finales de verano

➤ **muy buen aroma**

Características: crecimiento medio; buena variedad para fecundar a otras; ramas frutales colgantes y que conviene renovar periódicamente; procurar una buena formación de su estructura.
Ubicación: suelos normales, pero no demasiado secos.
Fruto: maduro para el consumo a partir de finales de otoño; forma de botella; ligero tono óxido; carne suave y jugosa; aroma dulce y ligeramente especiado.
Empleo: como árbol; pera de mesa de gran calidad, para conservas.

Peral Abate Fetel
Variedad de *Pyrus communis*

Altura/Anchura: 2,5–10/2–8 m
Cosecha: mediados de otoño

➤ **de pulpa particularmente firme y crujiente, excelente para preparar al horno con vino y azúcar**

Características: Planta vigorosa y de porte erecto. La floración es temprana y para una buena producción requiere la presencia de pies polinizadores.
Ubicación: en un lugar cálido para asegurar el cuajado del fruto y bien ventilado en verano.
Fruto: de forma alargada muy característica, la pulpa es blanca, ligeramente mantecosa y muy sabrosa, de consistencia media. Se cosecha a partir de la primera semana de septiembre.
Empleo: Como fruta de mesa, para conservas y para preparar postres.

---

no autofértil   flores en brotes del año   flores en brotes de dos años

Cerezo, ciruelo y similares

Los frutos de los cerezos, los guindos, los ciruelos y sus parientes cercanos no se conservan durante mucho tiempo y hay que consumirlos de inmediato. Si se van a plantar varios árboles es aconsejable elegirlos de modo que maduren en distintas épocas. También hay que tener en cuenta su robustez y su aroma.

Del cerezo solamente existen algunas variedades recientes capaces de autofecundarse, mientras que la autofecundación es habitual en una gran cantidad de variedades de guindos, ciruelos, y similares (ver manzano, páginas 46/47). Forme a sus árboles de modo que tengan la copa muy despejada, así les llegará más luz. En forma cónica, estos árboles crecen mejor que los manzanos y los perales. Suelen producir brotes verticales en su parte superior, por lo que envejecen las ramas inferiores. Para mantener a los árboles en forma es aconsejable efectuar periódicamente una poda de verano. La poda de primavera sólo sirve para dar pequeños retoques.

Cerezo Kordia
Variedad de *Prunus avium*

Altura/Anchura: 3–10/2–10 m
Cosecha: mediados de verano

➤ **muy aromático, resistente**

Características: variedad de crecimiento vigoroso; procurar que la copa esté despejada; realizar la poda de verano justo después de la recolecta.
Ubicación: no tolera bien los suelos pesados y compactos; sensible a las heladas tardías.
Fruto: cereza de color marrón violeta; muy resistente a la lluvia; dilatado período de cosecha, buen equilibrio de azúcar y ácido; típico aroma de cereza.
Empleo: también para prados con frutales; cereza de mesa de gran calidad; para hacer conservas y mermeladas.

Guindo Karneol
Variedad de *Prunus cerasus*

Altura/Anchura: 3–5/3–4 m
Cosecha: mediados de verano

  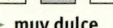

➤ **muy dulce**

Características: muy resistente; fecundación cruzada; florecen solamente las ramas largas; necesita una poda severa para que crezcan nuevas ramas florales; resistente a los hongos.
Ubicación: no tolera bien los suelos secos; evitar lugares expuestos a heladas tardías.
Fruto: rojo oscuro, grande; dulce y ligeramente ácido, se desprende fácilmente.
Empleo: jardines; muy buena fruta de mesa; excelente para conservas, zumos y mermeladas.

 sol   semisombra   autofértil   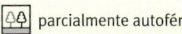 parcialmente autofértil

Ciruelo temprano
Variedad de *Prunus domestica*

Altura/Anchura: 3–6/1,5–5 m
Cosecha: de principio a finales de verano

 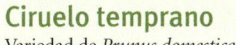

➤ **aromático, cosecha temprana**

Características: crecimiento al principio muy vigoroso, pero luego se va moderando; podar regularmente las ramas con fruto; resistente al virus sharka del ciruelo.
Ubicación: no tolera bien los suelos secos.
Fruto: mediano; color violeta rojizo con tonos azul claro; sabor dulce y especiado con una acidez refrescante.
Empleo: para jardines y para prados con frutales; buena fruta de mesa; excelente para cocinar y para preparar mermeladas y compotas.

Ciruelo Presenta
Variedad de *Prunus domestica*

Altura/Anchura: 2,5–5/1,5–5 m
Cosecha: de finales de verano principios de otoño

➤ **excelente variedad tardía**

Características: crecimiento mediano; hay que podar periódicamente las ramas frutales; tolerante al virus sharka del ciruelo.
Ubicación: no tolera bien los suelos secos; al ser de maduración tardía necesita lugares con un otoño cálido.
Fruto: mediano; azul oscuro intenso; carne jugosa; sabor característico, dulce y ligeramente ácido.
Empleo: principalmente para jardines domésticos; excelente como fruta de mesa y para cocinar; para mermeladas, compotas y como fruta seca.

Ciruelo Mirabolano de Nancy
Variedad de *Prunus domestica* subsp. *syriaca*

Altura/Anchura: 2,5–6/1,5–5 m
Cosecha: finales de verano

➤ **aroma agradable e intenso**

Características: crecimiento vigoroso; es buena variedad para fecundar a otros ciruelos; evitar cortes demasiado grandes al podar; renovar las ramas frutales mediante cortes «pequeños».
Ubicación: no tolera bien los suelos secos; lugares bien aireados.
Fruto: amarillo dorado, rojo en los lugares expuestos al sol; carne compacta y dulce con el típico aroma mirabel; el hueso se desprende bien.
Empleo: también para prados; excelente fruta de mesa; adecuado para destilar licor y para elaborar mermeladas; también como fruta seca.

Frutales menos comunes

Dado que tanto los melocotones como los membrillos, los kiwis y las uvas pueden madurar en el jardín hasta el momento de la recolecta, lo perfuman con un aroma intenso e incomparable. Las ramas del membrillo conservan su vitalidad durante mucho tiempo, los otros frutales fructifican en ramas de un año –las ramas viejas se estropean rápidamente y necesitan una poda anual–. Los melocotones, kiwis pequeños y uvas hay que consumirlos poco después de la recolecta, pero los membrillos se pueden conservar de tres a cinco semanas. Los kiwis pequeños son muy resistentes a las heladas y se desarrollan bien junto a una pared incluso en lugares elevados. Las parras necesitan más calor, pero junto a la pared de una casa pueden cultivarse variedades de maduración temprana hasta a altitudes de 800 m. Los kiwis y las parras siempre se sujetan a un soporte. El melocotonero y el membrillo prosperan mejor en climas templados, pero existen variedades robustas que también pueden vivir en lugares más fríos.

Mini-Kiwi Weiki
Variedad de *Actinidia arguta*

Altura/Anchura: 2–6/1–4 m
Cosecha: de princípios a mediados de otoño

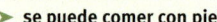 ➤ **se puede comer con piel**

Características: muy resistente a las heladas; para asegurar la producción hay que plantar alguna planta macho; aligerar la madera vieja en primavera; necesita una poda de verano.
Ubicación: suelos bien aireados, ricos en humus, húmedos en verano y poco calcáreos; las raíces necesitan sombra o acolchado.
Fruto: piel lisa; se conserva poco tiempo; rico en vitamina C y minerales; ligeramente ácido con aroma a grosella espinosa.
Empleo: como espaldar; buena fruta de mesa; para hacer mermeladas, zumos y licores.

Membrillo Constantinopla
Variedad de *Cydonia oblonga*

Altura/Anchura: 3–6/3–7 m
Cosecha: de finales de verano a mediados de otoño

➤ **membrillo muy sabroso**

Características: crecimiento bastante vigoroso; si es fecundado por otro aumenta su productividad; resistente a las heladas; renovar y aclarar periódicamente las ramas frutales; menos sensible al fuego bacteriano que otras variedades.
Ubicación: evitar los suelos muy calcáreos; prefiere lugares cálidos y protegidos.
Fruto: tamaño mediano; poco piloso; carne de grano muy fino; se conserva hasta principios de invierno.
Empleo: exquisitas mermeladas y compotas; licor; fruto para hornear; pan de membrillo; dulce de membrillo; fruta aromática.

 sol   semisombra   autofértil   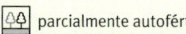 parcialmente autofértil

Melocotón rojo
Variedad de *Prunus persica*

Altura/Anchura: 2–4/2–4 m
Cosecha: de finales de verano a principios de otoño

➤ **aroma intenso**

Características: variedad de crecimiento vigoroso; eliminar los frutos pequeños en verano; florece en ramas de un año; necesita una poda anual intensa; eliminar los brotes débiles; es recomendable efectuar una poda de verano; resistente a las enfermedades.
Ubicación: lugares cálidos y protegidos de las heladas tardías.
Fruto: tamaño medio; color rojo; carne blanca; el hueso se desprende con facilidad; jugosos; aroma intenso.
Empleo: melocotón de mesa; excelente fruta para conserva; mermelada; fruta seca.

Uva Blanca
Variedad de *Vitis vinifera*

Altura/Anchura: 3–6/2–6 m
Cosecha: de finales de verano a mediados de otoño

➤ **fruto muy sabroso**

Características: crecimiento moderadamente vigoroso; elevada productividad; si se cultiva en espaldar hay que podar anualmente cada ramificación dejando que se prolonguen como mucho cinco yemas; buena resistencia a los hongos.
Ubicación: en las zonas frías fuera de los viñedos solamente junto a paredes soleadas; los suelos profundos y ricos en humus estimulan el tamaño de las uvas.
Fruto: amarillo verdosos; uvas de tamaño medio; dulce u aromático.
Empleo: como espaldar; buena uva de mesa; también es adecuada para hacer zumos o vino.

Uva Moscatel azul
Variedad de *Vitis vinifera*

Altura/Anchura: 3–8/2–8 m
Cosecha: de finales de verano a mediados de otoño

➤ **muy sabrosa**

Características: variedad muy antigua; crecimiento vigoroso; necesita una poda de verano y que luego se recorten los nuevos brotes laterales; es muy resistente a los hongos; en otoño adquiere una coloración amarilla.
Ubicación: si crece en un lugar resguardado del viento, los racimos contienen más uvas; en los lugares altos solamente crece bien junto al muro de una casa.
Fruto: color azul; crujiente; racimos grandes y sueltos, uvas grandes; sabor moscatel afrutado y especiado.
Empleo: como espaldar; uva de mesa; para müslis y repostería; como complemento del queso.

Bayas

Todas las bayas que veremos a continuación tienen algo en común: no toleran los suelos calcáreos con un pH superior a 6,6. Sus raíces son muy superficiales, por lo que no hay que cavar cerca de las plantas. Conviene acolchar con paja u otros materiales. Necesitan una poda anual de mantenimiento. Los frambuesos y las zarzamoras no forman ninguna estructura, sus tallos con fruta mueren después de la cosecha. Las otras especies forman una estructura que conserva su vitalidad durante algunos años. Si se plantan variedades que maduren escalonadamente se podrá disponer de fruta durante varios meses.

Si las plantas se aclaran con una poda adecuada y las bayas reciben mucha luz es seguro que la cosecha será abundante. Es preferible elegir variedades resistentes a las enfermedades, con un buen aroma y que posean un sabor intenso.

Grosellero rojo
Variedad de *Ribes rubrum*

Altura/Anchura: 1–2/1–2 m
Cosecha: mediados de verano

➤ **fruto abundante y aromático**

Características: robusto; produce el mejor fruto en ramas de un año medianamente gruesas y largas; renovar anualmente las ramas con fruto; racimos alargados; fácil de recolectar.
Ubicación: suelos ricos en humus y húmedos en verano; lugar resguardado del viento.
Fruto: bayas rojas de tamaño medio; piel blanda; sabor ácido y aroma intenso; resiste bien la lluvia; muy rico en vitamina C.
Empleo: Fruta de mesa; para mermeladas, compotas y postres; bueno para hacer conservas.

Uva espina Rolonda
Variedad de *Ribes uva-crispa*

Altura/Anchura: 0,5–1,5/1–1,5 m
Cosecha: mediados de verano

➤ **bayas rojas, dulces y ácidas**

Características: crecimiento intenso y a lo ancho; fructifica en brotes laterales de un año; resistente al oídio.
Ubicación: suelos ricos en humus y húmedos en verano; evitar los lugares demasiado calurosos.
Fruto: tamaño medio; color rojo oscuro; poco piloso; piel dura; resistente; se conserva durante bastante tiempo en la planta; buen aroma; azúcar y ácido en una buena proporción.
Empleo: adecuado para espaldar en setos; fruta de mesa; para mermeladas, compotas y postres; se pueden hacer conservas.

 sol semisombra 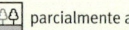 autofértil parcialmente autofértil

Zarzamora Nessy
Variedad de *Rubus fruticosus*

Altura/Anchura: 2–4/1–5 m
Cosecha: mediados de verano a principios de otoño

➤ **auténticas moras**

Características: crecimiento intenso; fácil de separar; retirar después de la cosecha las ramas que hayan dado fruto; atar en verano los brotes jóvenes; en primavera hay que podar las ramas dejando sólo tres yemas.
Ubicación: no le convienen los lugares calurosos; suelos que se conserven húmedos en verano; acolchar periódicamente.
Fruto: bayas grandes y brillantes de color negro; aroma dulce y ácido; no deja de madurar.
Empleo: como espaldar sujeto a un soporte o celosía; excelente fruta de mesa; ideal para mermeladas y compotas.

Frambueso Rubaca
Variedad de *Rubus idaeus*

Altura/Anchura: 1,5–3/1–2 m
Cosecha: mediados de verano

➤ **variedad aromática**

Características: crecimiento moderado; fácil de separar; muy resistente a las heladas; tiene muchas espinas; los tallos que han dado fruto hay que cortarlos después de la recolecta; dejar solamente diez brotes fuertes por metro; resistente a las enfermedades.
Ubicación: suelos ricos en humus, húmedos en verano y bien aireados; acolchar periódicamente.
Fruto: tamaño medio; ligeramente brillante; aroma intenso.
Empleo: como espaldar; fruta de mesa; para mermeladas, repostería y postres; diversas utilidades culinarias.

Arándano gigante Bluecrop
Variedad de *Vaccinium corymbosum*

Altura/Anchura: 1–2/1–3 m
Cosecha: mediados a finales de verano

   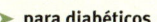

➤ **para diabéticos**

Características: crecimiento moderado; raíces superficiales; robusto; resistente a las heladas; muy productivo; hay que aclarar periódicamente y aligerar los brotes con fruto; el otoño se tiñe de rojo.
Ubicación: lugar resguardado del viento; acidificar el suelo, mezclar tierra para plantas con corteza o serrín; acolchar con una capa de corteza triturada de 20 cm de espesor.
Fruto: grande; azul claro, gris cuando madura; resistente; sabor ligeramente ácido; carne dura; su zumo no tiñe.
Empleo: buena fruta de mesa; para müslis, repostería y postres.

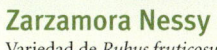

Otras especies y variedades de frutales

Frutas con corazón: manzana, pera y membrillo

Nombre	Información resumida	Altura/ Anchura (m)	Maduración de recolecta/ maduración de consumo	Peculiaridades
Manzana Annanasrenette Variedad de *Malus domestica*		2–6/ 1–5	med. otoño/ hasta fin. otoño	variedad antigua y muy apreciada; buen suelo; aroma especiado a piña
Manzano arborescente Ginover Variedad de *M. domestica*		2–4/ 0,5–1	fin. verano/ med. invierno	manzano arborescente resistente a los hongos; aroma especiado; para jardines domésticos
Manzano arborescente Lancelot Variedad de *M. domestica*		2–4/ 0,5–1	fin. verano/ med. invierno	manzano resistente a los hongos; para suelos de buena calidad; muy aromático
Manzano arborescente Maypole Variedad de *M. domestica*		2–4/ 0,5–1	med. verano-fin. verano	manzano estilizado; flores de color rosa; hojas y carne del fruto de color rojizo; muy decorativo
Manzana Ariwa Variedad de *M. domestica*		2–5/ 1,5–8	med. otoño/ fin. otoño-med. invierno	variedad resistente, se conserva bien, dulce y ligeramente ácida; adecuada para zumo
Manzana Bohnapfel Variedad de *M. domestica*		2,5–7/ 1,5–12	med. otoño/ fin. otoño-fin primavera	una de las mejores variedades para zumos y sidra; adecuado para vergeles ornamentales
Manzana Florina Variedad de *M. domestica*		2–6/ 1,5–8	med. otoño/ fin. otoño-fin. invierno	resistente; se conserva bien; ligeramente aromática
Manzana Gewürzluiken Variedad de *M. domestica*		2,5–8/ 1,5–12	med. otoño/ fin. otoño-ppos. primavera	variedad antigua, robusta y de crecimiento intenso; adecuado para vergeles ornamentales
Manzana Glockenapfel Variedad de *M. domestica*		2–6/ 1,5–8	med. otoño/ ppos. invierno-med. primavera	crecimiento intenso; adecuado para prados con frutales, carne aromática y ligeramente ácida
Manzana Gravensteiner Variedad de *M. domestica*		2,5–8/ 1,5–12	med. verano/ med. otoño	antigua y apreciada variedad de finales de verano; también es adecuada para vergeles ornamentales
Manzana Pilot Variedad de *M. domestica*		2–5/ 1,5–6	fin. verano-med. otoño/ hasta ppos. primavera	variedad robusta y que se conserva bien; carne compacta y aromática
Manzana Piros Variedad de *M. domestica*		2–5/ 1,5–8	med. verano-fin. verano	variedad temprana y muy robusta; aroma especiado
Manzana Rewena Variedad de *M. domestica*		2–5/ 1–5	med. otoño/ fin. otoño-fin. invierno	resistente al fuego bacteriano y a los hongos; ideal para zumos; adecuada para vergeles ornamentales
Membrillo Cydora Variedad de *Cydonia oblonga*		3–6/ 3–6	med. otoño-fin. otoño	resistente al fuego bacteriano; fruto amarillo luminoso y sin pelos; sabor intenso
Pera Alexander Lukas Variedad de *Pyrus communis*		2,5–8/ 2–6	med. otoño/ fin. otoño-ppos. invierno	crecimiento muy vivaz; fruto grande; jugoso y con aroma a especias; también para vergeles ornamentales

Nombre	Información resumida	Altura/ Anchura (m)	Maduración de recolecta/ Maduración de consumo	Peculiaridades
Pera Bunte Juli Variedad de *P. communis*		2,5–7/ 1,5–6	med. verano– fin. verano	si se cosecha en el momento adecuado tiene un aroma a canela; pera de verano con una carne muy tierna
Pera Gellerts Butterbirne Variedad de *P. communis*		2,5–12/ 2–8	fin. verano- med. otoño	buena variedad para fecundar; árboles decorativos para el paisaje; muy aromático
Pera Harrow Sweet Variedad de *P. communis*		2,5–7/ 1,5–6	ppos. otoño- fin. otoño	resistente al fuego bacteriano, necesita suelos buenos; dulce y aromática
Pera Winterforelle Variedad de *P. communis*		2–4/ 0,5–1	med. otoño/ ppos. invierno-fin. invierno	robusto; las peras pueden guardarse en frío sin pérdida de calidad

Fruta con hueso: albaricoque, cereza, ciruela y otras

Nombre	Información resumida	Altura/ Anchura (m)	Maduración de recolecta	Peculiaridades
Albaricoque Blanco de Murcia Variedad de *Prunus armeniaca*		3–5/ 3–5	ppos. verano- med. verano	se consumen frescos, en confitura o secos, los llamados orejones
Albaricoque Camino Variedad de *Prunus armeniaca*		3–5/ 3–5	ppos. verano- med. verano	se consumen frescos, en confitura o secos, los llamados orejones
Cerezo Corazón de Pichón Variedad de *Prunus cerasus*		4–5/	ppos. verano	variedad vigorosa
Cerezo Regina Variedad de *Prunus avium*		3–8/ 2–8	med. verano	es la variedad más tardía recomendable; resistente; fruto jugoso y muy sabroso
Cerezo Pico Colorado Variedad de *Prunus avium*		4–5/	med. verano	cereza de color rojo intenso, de consistencia dura y crujiente, sabor dulce, algo áspero
Cerezo Pico Negro Variedad de *Prunus avium*		4–5/ 1,5–4	med. verano	cereza oscura, de consistencia dura y crujiente, jugo escaso
Ciruelo Elena Variedad de *P. domestica*		2,5–5/ 1,5–5	ppos. otoño- med. otoño	variedad tardía resistente al virus sharka; aroma dulce y equilibrado
Ciruelo Ontario Variedad de *P. domestica*		2,5–6/ 1,5–6	fin. verano	crecimiento intenso; también para prados con frutales; ciruelas amarillas, muy dulces y jugosas
Ciruelo Ruth Gertetter Variedad de *P. domestica*		2,5–5/ 1,5–5	ppos. verano- med. verano	resistente al virus scharka; variedad temprana; para suelos buenos; ligeramente ácida
Ciruelo temprano Bühler Variedad de *P. domestica*		2,5–7/ 1,5–6	med. verano- fin. verano	crecimiento intenso; también para prados con frutales; fruto excelente para zumos y para cocinar

Fruta con hueso (continuación)

Nombre	Información resumida	Altura/ Anchura (m)	Maduración de recolecta	Peculiaridades
Claudia Oulins Variedad de *P. domestica* subsp. *rotunda*		2,5–6/	fin. verano- ppos. otoño	robusto; frutos grandes, amarillos, jugosos y ligeramente especiados; podar periódicamente para evitar las calvas
Guindo Beutelspacher Variedad de *P. cerasus*		3–6/ 3–5	ppos. verano	poco exigente; ácido y con un aroma muy sutil
Melocotonero Calanda Variedad de *P. persica*		2–4/ 2–4	fin. verano- ppos. otoño	fruto muy aromático y pulpa firme y consistente
Melocotonero Calabacero Variedad de *P. persica*		3–4/ 3–4	fin. verano	árbol vigoroso, gran calidad gustativa
Mirabel Miragrande Variedad de *P. domestica* subsp. *syriaca*		2,5–5/ 1,5–5	fin. verano- ppos. otoño	robusto; fruto grande y con un fino aroma a mirabel
Nectarina Nectared Variedad de *P. persica* var. *nectarina*		2–4/ 2–4	fin. verano	tratar para prevenir la enfermedad del rizado; carne amarilla, dulce y ligeramente ácida

Bayas: Grosellero, frambueso, grosellero espinoso, kiwi y otros

Nombre	Información resumida	Altura/ Anchura (m)	Maduración de recolecta	Peculiaridades
Arándano Duke Variedad de *Vaccinium corymbosum*		1–2,5/ 1–3	ppos. verano- med. verano	es la variedad más temprana; fruto muy aromático; necesita acolchado; tolera la semisombra
Frambueso Blissy Variedad de *R. idaeus*		1–1,5/ 1–4	fin. verano- ppos. otoño	robusta; planta de finales de verano y otoño; fruto grande, aromático y brillante
Frambueso Willamete Variedad de *R. idaeus*		1–2/ 1–3	ppos. verano- med. verano	variedad temprana y muy robusta; crecimiento moderado; fruto denso y aromático
Grosellero blanco Versalles Variedad de *R. rubrum*		1–1,5/ 1–1,5	med. verano	variedad antigua y muy apreciada; crecimiento moderado; sabor suave; tolera la semisombra
Grosellero espinoso Rokula Variedad de *R. uva-crispa*		0,5–1,5/ 0,5–1,5	ppos. verano	resistente a los hongos; frutos grandes y rojos que permanecen durante mucho tiempo en la planta
Grosellero Invicta Variedad de *R. uva-crispa*		0,5–1,5/ 0,5–1,5	ppos. verano- med. verano	resistente a los hongos; muy productivo; tamaño medio, fruto de color verde; tolera la semisombra
Grosellero Jostina Variedad de *R. × nidigrolaria*		1–2,5/ 1–3	ppos. verano- med. verano	crecimiento intenso; aromático; rico en vitamina C; tolera la semisombra

Nombre	Información resumida	Altura/ Anchura (m)	Maduración de recolecta	Peculiaridades
Grosellero negro Titania Variedad de *Ribes nigrum*		1–2/ 1–2,5	ppos. verano	variedad negra muy robusta; producción abundante; aroma suave; elevado contenido de vitamina C; tolera la semisombra
Grosellero rojo Jonkher van Tets Variedad de *R. rubrum*		1–2/ 1–2	ppos. verano	es la variedad más temprana; fruto rojo; no dejar el fruto maduro colgando durante demasiado tiempo; ácido; aroma intenso; tolera la semisombra
Kiwi Hayward Variedad de *Actinidia deliciosa*		2–8/ 2–6	ppos. otoño- med otoño	fruto grande, muy aromático; proteger a las plantas jóvenes de las heladas
Kiwi Jenny Variedad de *A. deliciosa*		2–6/ 2–4	ppos. otoño- med. otoño	fruto más pequeño que el de Hayward; la variedad masculina hace aumentar la producción; aromático; proteger en invierno
Kiwi Matua Variedad de *A. deliciosa*		2–8/ 2–6	–	variedad masculina para fecundar a kiwis de fruto grande o pequeño; proteger a las plantas pequeñas
Zarzamora Theodor Reimers Variedad de *Rubus fruticosus*		2–5/ 2–5	med. verano- fin. verano	variedad espinosa; frutos dulces con aroma muy intenso
Uva del Japón *R. phoenicolasius*		2–5/ 1–2	med. verano- fin. verano	robusto; fruto pequeño, ácido y muy aromático; tolera la semisombra

Otros frutos

Nombre	Información resumida	Altura/ Anchura (m)	Maduración de recolecta	Peculiaridades
Almendro Marcona *Prunus dulcis*		7–10/ 5–7	med. verano- ppos. otoño	fruto de cáscara dura, una de las almendras más apreciadas. Requiere polinizador: Del Cid, Doble fina, Avola
Avellano Negret *Corylus avellana*		4–3	otoño	variedad de frutos de sabor excelente, de forma alargada y cáscara fina
Serbal *Sorbus domestica*		5–12/ 3–6	med. otoño- fin. otoño	las azarollas son ásperas cuando se cosechan, hay que consumirlas modorras, para ello hay que conservarlas unas semanas en un lecho de paja
Olivo Arbequina		3–4	fin. otoño- med. invierno	aceite de exquisito sabor
Olivo Manzanilla		4–5	fin. verano- fin. invierno	aceituna de pulpa gruesa y sin adherencia al hueso

Calendario de poda

| | Época de poda | | Época principal de poda |

Nombre común	Nombre científico
Albaricoque	Variedades de *Prunus armeniaca*
Arándano	Variedades de *Vaccinium corymbosum*
Cerezo	Variedades de *Prunus avium*
Ciruelo	Variedades de *Prunus domestica*
Ciruelo temprano	Variedades de *Prunus domestica*
Claudia	Variedades de *Prunus domestica* subsp. *rotunda*
Cornejo	Variedades de *Cornus mas*
Falso membrillo	Especies y variedades de *Chaenomeles*
Frambueso de principios de verano	Variedades de *Rubus idaeus*
Frambueso de finales de verano	Variedades de *Rubus idaeus*
Frutales en espaldar	Todas las especies y variedades
Grosella espinosa	Variedades de *Ribes uva-crispa*
Grosellero Jostina	Variedades de *Ribes* × *nidigrolaria*
Grosellero negro	Variedades de *Ribes nigrum*
Grosellero rojo/blanco	Variedades de *Ribes rubrum*
Guindo	Variedades de *Prunus cerasus*
Kiwi	Variedades de *Actinidia deliciosa-, A. arguta*
Madreselva	Variedades de *Lonicera caeruleum* var. *kamtschatica*
Manzano	Variedades de *Malus domestica*
Melocotonero	Variedades de *Prunus persica*
Membrillo	Variedades de *Cydonia oblonga*
Mirabel	Variedades de *Prunus domestica* var. *syriaca*
Nectarina	Variedades de *Prunus persica* var. *nectarina*
Nogal	Variedades de *Juglans regia*
Peral	Variedades de *Pyrus communis*
Serbal rojo	Variedades de *Sorbus aucuparia*
Saúco	Variedades de *Sambucus nigra*
Parra	Variedades de *Vitis vinifera* subsp. *sativa*
Uva del Japón	Variedades de *Rubus phoenicolasius*
Zarzamora	Variedades de *Rubus fruticosus*

a	med. invierno	fin. invierno	ppos. primavera	med. primavera	fin. primavera	ppos. verano	med. verano	fin. verano	ppos. otoño	med. otoño	fin. otoño	ppos. invierno
, 55												
, 53, 56												
, 49, 55												
, 55												
, 56												
, 50												
, 57												
, 57												
, 46, 54												
, 56												
, 54												
, 56												
, 54, 55												
, 57												

Índice alfabético

Los números expresados en **negrita** hacen referencia a las ilustraciones

BUENAS HERRAMIENTAS

Emplee siempre **herramientas limpias y bien afiladas.** Las tijeras de jardín no tienen que engancharse al cortar, las cuchillas se han de deslizar con suavidad. Las **tijeras de deslizamiento** aplastan menos los brotes que las de yunque. Para cortar ramas gruesas hay que emplear una podadora o una sierra.

Así obtendrá una cosecha abundante y sabrosa

ALIGERAR LAS PUNTAS

Cada corte produce un **bloqueo** en el flujo de la savia. Por lo tanto, las yemas situadas por debajo del plano de corte se desarrollan con mucha fuerza. Si surgen varios brotes fuertes, deje solamente uno y **aligérele** la punta. Así la luz llegará bien a las partes interiores del árbol y las ramas frutales conservarán su **vitalidad**.

FORMACIÓN DE UNA COPA REDONDA

Para formar una **copa redonda** no hay que cortar las ramas estructurales ni los brotes de un año. Se dejan todos los **brotes horizontales** y se cortan por completo todos los verticales y aquellos que compitan con las ramas estructurales. Por lo demás, no hay que recortar nunca los brotes de un año.

BAYAS EN ESPALDAR

Los soportes o celosías para zarzamoras, frambuesos, parras o kiwis han de ser muy robustos. Especialmente las parras y los kiwis pueden adquirir un peso considerable con el p de los años, y éste tendrá que ser soportado p la **celosía de madera** o el **bastidor** **alambre.** Éste deberá mantenerse **resistente** a lo largo de los años.

NO PODAR EN INVIERNO

Empiece a podar los frutales en febrero, pero nunca entre mediados de octubre y principios de enero. Durante los **meses fríos** los frutales no cicatrizan bien sus heridas y **son muy sensibles a las enfermedades.** Las heridas producidas en invierno no cicatrizarían hasta mayo, y hasta entonces se podrían deteriorar.

EL PATRÓN ADECUADO

Al comprar un frutal hay que asegurarse de que esté injertado sobre un **patrón** adecuado. éste es el que determinará el tamaño del árbol. En los árboles frutales distinguimos entre forma **cónica** o con **copa.** Antes de efectuar la adquisición, decida la forma que le quiere dar al árbol.

Nuestros 10 consejos básicos

RECONOCER LAS YEMAS FLORALES

Si usted sabe **en qué brotes** florecen sus frutales, sabrá también qué ramas ha de cortar. Si es difícil distinguir la yemas florales de las de las hojas, pode poco antes de la floración. En ese momento es fácil identificar a las **yemas florales.**

ATENUAR EL CRECIMIENTO

Los frutales que crezcan demasiado hay que podarlos en verano. La **poda de verano** elimina más hojas, con lo que la planta acumula menos nutrientes y reservas. Esto hace que al año siguiente disminuya su **crecimiento** y en primavera brote con menos fuerza.

PODA DE VERANO

Los frutales más delicados hay que podarlos principalmente en verano. En esa época las plantas **toleran** mejor la **poda,** y usted podrá tener la seguridad de que las heridas cicatrizarán bien y sus árboles y arbustos frutales se mantendrán sanos. Asegúrese de realizar cortes limpios.

ESTIMULAR LA CALIDAD DE LA FRUTA

Para obtener fruta de buena calidad es necesario podar los frutales de modo que reciban suficiente **luz y aire** y se eliminen las ramas viejas. También es muy importante que el frutal esté ubicado en un lugar adecuado, que reciba un aporte equilibrado de nutrientes y que el suelo esté bien cuidado.

Directora de la colección: Carme Farré Arana

Título de la edición original:
Obstgehölze schneiden

Es propiedad
© Gräfe und Unzer Verlag GmbH, Múnich

© de la edición en castellano
Editorial Hispano Europea, S. A.

E-mail: hispanoeuropea@hispanoeuropea.com

© de la traducción: Enrique Dauner

Depósito Legal: B. 14.128-2014

ISBN: 978-84-255-1765-5

Séptima edición

Consulte nuestra web:
www.hispanoeuropea.com

ADVERTENCIAS IMPORTANTES

> Las escaleras siempre han de tener un apoyo firme.
> Póngase guantes siempre que trabaje con tijeras o sierras.
> No trabaje nunca con herramientas oxidadas, o mal afiladas. ¡Es muy peligroso!
> Si se produce alguna herida trabajando en su jardín, vaya al médico. es posible que le tenga que administrar una vacuna contra el tétanos.
> Mantenga a los niños alejados cuando esté realizando trabajos de poda.
> Guarde las herramientas cortantes fuera del alcance de los niños.

ACERCA DEL AUTOR

Hansjörg Haas, después de finalizar sus estudios de jardinería y paisajística en la TU München-Weihenstephan empezó a trabajar en un vivero de árboles frutales. Desde 1992 trabaja como asesor especializado en diseño de jardines y paisajística, da cursos prácticos e imparte seminarios sobre estos temas.

AGRADECIMIENTOS

Agradezco a Gertraud Herrmann, de Geroldshausen, por su importante apoyo y su asesoramiento para conseguir que el texto sea más comprensible.

Crédito de fotografías:

Portada e interior: ciruelas; interior de portada/página 1: cerezo en flor en un prado; página 3 derecha: rama de claudia en flor; páginas 4/5: melocotonero en flor; páginas 44/45: ciruelas mirabel; página 64: peras Santa María; contraportada: flor de manzano (izquierda), podando un frutal (centro), cerezas (derecha). Arco Images/Doerr: U2/1; Fischer: 48 derecha, 51 izquierda; Gärtner Pötschke: 51 centro; Haas: U4 centro, 3, 4/5, 6, 11, 12, 14, 16 izquierda, 16 derecha, 22, 23 izquierda, 23 derecha arriba, 25, 27, 28, 30, 34, 47 centro, 48 centro, 52 centro; Hartmann: 47 izquierda, 49 izquierda; Häberli: 42, 53 centro, 53 derecha; Holzförster: 9; IFA/Alastor: U4 derecha; Imago/Lutzmann; Schöning: 2/3, 43 izquierda abajo; Pforr: U4 izquierda, 23 derecha abajo; 49 centro; Redeleit: 20, 43 derecha, 46 derecha; Reinhard H: 21, 33, 36, 39, 40, 43 izquierda arriba; 46 centro; 47 derecha, 50 centro, 52 derecha, 53 izquierda; Storck: 10; Strauss: 44/45, 49 derecha, 50 derecha; Teubner Foodfoto: 64; Vario-Press/Schauhuber: U1.
Ilustraciones: Heidi janicek